L'ABBÉ LANUSSE
AUMÔNIER
DE L'ÉCOLE MILITAIRE
DE St CYR

LES HÉROS DE CAMARON

PRÉFACE
PAR
BOYER D'AGEN

PARIS
LIBRAIRIE MARPON & FLAMMARION
E. FLAMMARION, Succ.
26, Rue Racine

LES HÉROS DE CAMARON

ÉMILE COLIN — IMPRIMERIE DE LAGNY

L'ABBÉ LANUSSE

AUMÔNIER DE L'ÉCOLE MILITAIRE DE SAINT-CYR

LES HÉROS

DE

CAMARON

PRÉFACE

PAR

BOYER D'AGEN

PARIS

LIBRAIRIE MARPON ET FLAMMARION

E. FLAMMARION, SUCCʳ

26, RUE RACINE, PRÈS L'ODÉON

Au

GÉNÉRAL SAUSSIER

Gouverneur militaire

DE PARIS

Général,

Vous portez une épée. Je porte une croix. C'est ce qui fait que nous nous sommes trouvés sur les mêmes champs de bataille ; vous, pour indiquer à nos soldats le chemin de l'Honneur, moi, pour les bénir et leur montrer le Ciel.

Nous sommes de vieux amis.

La pensée m'est venue, de vous offrir ces pages. Il s'en est manqué de si peu, que votre nom n'y fût inscrit en lettres d'or, avec celui de tous les braves de Camaron !... Vous étiez chef de poste dans le désert de Passo-del-Macho, c'est-à-dire le premier à défendre au besoin l'immense convoi qui portait les millions et les canons de la France. Vous gêniez grandement celui qui voulait s'en emparer. Il rôdait dans les forêts et les ravins du voisinage; mais ses éclaireurs trouvaient toujours vos sentinelles à leur poste. Il savait, dès lors, que vous étiez prêt à le recevoir avec votre compagnie d'une centaine de soldats décidés, eux aussi, à se faire tuer.

Dans l'intervalle, le colonel mexicain Millan, qui n'avait pas moins de deux mille hommes sous ses ordres, apprend que Danjou va descendre du Chiquihuite pour aller au devant de Cabossel. L'attaque lui paraissant plus facile contre des hommes en marche, il projette d'aller les attendre plus loin, dans le désert, et de les surprendre à Palo-Verde, vaste solitude où nul secours ne pourra venir à leur aide.

Danjou et ses soixante-deux soldats

sont attaqués, en effet. Mais ils se dé-
fendront, et l'on verra comment.

Or, vous êtes un de ceux qui avaient
façonné, et sur les plus beaux exemples,
ces rudes légionnaires. Je vous devais
de penser à vous, en publiant *Les Héros
de Camaron.*

C'est bien avec eux et au milieu
d'eux, comme sous-lieutenant d'abord, et
comme lieutenant ensuite, que vous aviez
lutté devant Sébastopol et que vous
aviez opéré ces actions d'éclat qui vous
valurent de nombreuses citations et
firent descendre sur votre jeune poitrine
l'Etoile de l'honneur, fixée à tout jamais
par la main de ce brave, devenu légendaire : Canrobert. Il est vrai que les
baïonnettes russes, dans les tranchées,
avaient rudement labouré tous vos
membres. Mais était-ce là une raison,
pour renoncer à ces luttes gigantesques
de la Crimée ? A peine remis de vos

blessures et toujours au milieu de vos légionnaires que vous entraînez par votre indomptable bravoure, vous allez conquérir au travers de tous les dangers les épaulettes de capitaine.

Qu'ils étaient fiers de vous, vos soldats, vos futurs héros de Camaron ! Sébastopol tombé, on vous voit dans l'expédition de la grande Kabylie d'où une grave blessure, encore saignante pour ainsi dire, ne vous empêche pas de courir aux plaines de l'Italie où furent Magenta et Solférino, aux plages mexicaines où toujours on vous voit au premier rang, surtout, je l'ai dit, à Passo-del-Macho où vous êtes entouré de guérillas et visé par deux mille fantassins et cavaliers du colonel de Jalapa.

Je vous trouve à Cátosta, sur le Rio-Blanco, au siège de Oajaca où vous méritez la croix d'officier de la Légion d'honneur.

Vous êtes à Monterey, où vous débloquez votre camarade de La Hayrie, cerné dans la citadelle.

Vous êtes dans les Terres-Chaudes de Vera-Cruz, avec vos légionnaires, pour protéger le rapatriement de nos soldats.

Je comprends votre regret, au retour du Mexique, d'avoir à quitter votre brave légion, à la suite de votre nomination au grade de lieutenant-colonel. Vous n'en serez pas moins le vaillant soldat de Crimée, d'Italie, des plages mexicaines, à la tête de votre 41e de ligne, dans les batailles qu'il faudra livrer sous Metz. C'est bien le soir de Saint-Privat que, dans votre retour offensif sur Amanvillers, vous avez obligé les Allemands à battre en retraite, sur cette partie du champ de bataille.

Mais, que je le dise bien haut, pour moi et pour tous ceux qui ont une poitrine où bat un cœur français, la plus belle page de votre vie militaire, c'est celle-ci :

Metz a capitulé !

Est-ce que vous voulez de cette capitulation ? Non, Général, vous n'en voulez à aucun prix. Vous ne la reconnaissez pas, vous, qui vous sentez encore assez de sang dans les veines pour de nouveaux combats, assez de vigueur dans la volonté pour porter haut — et plus haut que jamais — la noble épée de France. Aussi, qu'allez-vous faire ? Vous signez, — et avec vous tous vos officiers, — vous signez sur-le-champ une protestation vibrante de patriotisme. A la bonne heure !. Vous serez prisonnier ; mais, à vos risques et périls, vous aurez conservé la liberté de fuir les chaînes de la Prusse, sans forfaire à l'honneur.

Eh ! comment donc ?... Savoir que l'étranger foule le sol de la patrie, et rester dans l'inaction sur la terre d'exil ?...

Que je le dise, et que toute la France sache bien ce que vous avez fait pour elle. Conduit à Cologne, vous avez tenté d'une évasion qui n'a pas réussi. On vous enferme dans une casemate de Grandenz où tout vous manque, jusqu'à l'air et la chaleur. Des balles vous attendent : qu'importe !... une seconde fois, vous essayez de vous débarrasser de vos chaînes. Vos efforts sont couronnés de succès. Mais où irez-vous dans ce pays, par ces chemins qui vous sont inconnus ? Après des péripéties sans nombre et qui toucheraient au roman, vous vous trouvez avoir franchi la frontière russe. Vous revenez sur l'Autriche. Vous êtes en Italie. Vous êtes sur la terre de France !

L'armistice vous trouve, comme général de brigade, à la tête d'une division de l'armée de l'Ouest.

En 1871, éclate la terrible insurrection d'Algérie. Vous commandiez alors

par intérim la 3ᵉ division d'infanterie du
19ᵉ corps d'armée, sous Chanzy. Général, il fallait votre présence en Afrique,
sur cette terre que vous connaissiez si
bien. Il vous y fallait, pour de nouveaux
exploits. Le 6 mars, dès lors, on vous
place à la tête de la 2ᵉ brigade active,
formant la colonne de la Kabylie orien-
tale. Du 2 avril au 25 octobre, qui comp-
terait les combats que vous avez eus à
livrer, combats toujours glorieux, toujours à l'avantage et à l'honneur de nos
armes ?

En 1873, vos compatriotes de l'Aube
vous envoient à l'Assemblée Nationale,
par 42,000 suffrages. Vous acceptez ;
mais ce ne sera que pour vous occuper
activement de la réorganisation de nos
armées, de ces forces qui veillent aux
frontières et ailleurs. Et, cette œuvre ter-
minée, vous reprendrez votre vaillante
épée d'autrefois.

Le 6 janvier 1878, vous apporte la troisième étoile de général de division. Vous êtes à Perpignan. Vous êtes à Nancy. En 1879, on vous investit du commandement du 19ᵉ corps d'armée...

Il faut aller vite avec vous, Général, pour tenir votre pas.

Le 17 août 1880, vous commandez le 6ᵉ corps, que vous quittez l'année suivante ; car la situation est devenue critique, en Algérie. Partez donc, et que votre vaillante épée scintille encore aux yeux des Arabes, sous les rayons de leur brûlant soleil.

Et maintenant, de nouveau, où la porterez-vous ? Sur la terre africaine toujours, mais sur des plages qui ne la connaissent pas encore. Nous sommes en 1881. Un corps expéditionnaire part pour la Tunisie. Vous le commandez en chef, avec les pouvoirs les plus étendus. En quelques semaines, grâce à d'habiles dispositions stratégiques et tout en épargnant le sang français, vous pacifiez à la fois le sud de l'Algérie et la Tunisie désormais soumise à notre protectorat.

Qu'on est heureux et fier de lire de tels états de services, au livret d'un soldat de la France! Et donc, quand ce soldat est votre ami?... Si vous aviez été là, Général, pendant que j'écrivais ces lignes émues, combien de fois j'aurais pressé votre main valeureuse! Car c'est moi, qui approuve ceux qui ont placé sur votre poitrine la médaille qui est vraiment l'insigne des braves, la Médaille Militaire. C'est moi, qui applaudis, et de grand cœur, lorsque, en 1887, je vous salue à Longchamps comme Grand-Croix de la Légion d'honneur.

Et, dès lors, comment la France pouvait-elle mieux prouver que vous aviez bien mérité d'elle, qu'en vous conservant à cette haute distinction qui vous

honore depuis 1884, au Gouvernement
militaire de notre beau Paris ? Plus encore, — et tout le monde le sait, — vous
commanderez en chef toutes nos armées,
si jamais le clairon des combats vient à
faire entendre ses notes vibrantes du :
Garde à vous !

Je le répète, Général, je suis heureux
de dédier à un soldat, tel que vous, ce
récit qui rappelle des hommes dont vous
avez fait des héros ; mais de ces héros
capables d'une action d'éclat qui étonna
le monde, et qui, — selon le jugement
d'un de vos frères d'armes, le général de
La Hayrie, — est peut-être unique dans
les fastes militaires d'un peuple.

J'ai l'honneur de vivre dans cette
école de Saint-Cyr qui est la vôtre, mon
Général, dans les rangs du premier Bataillon de France d'où partirent tant de
héros et où tant d'autres se forment, pour
les épreuves à venir. Là, des hommes

d'un grand savoir façonnent une belle et précieuse jeunesse. Il ne m'appartient pas de lui apprendre la science de la guerre ; mais celle des vertus chrétiennes, qui font les soldats forts sur les champs de bataille, est celle que Dieu m'ordonne à moi, son prêtre, d'enseigner. Et c'est pourquoi ces soixante-trois braves, qui sont tombés en prononçant le nom de Dieu et celui de la France, j'en ai écrit ici les noms et les actes pour que cette jeunesse, qui les lira, s'en souvienne quand elle prononcera, — si la gloire des armes lui donne aussi de tomber à son heure, — les noms de Dieu et de la France auxquels le cœur d'un prêtre-soldat militaire les consacre.

Abbé LANUSSE,

Aumônier à l'École de Saint-Cyr.

PRÉFACE

I

Au frontispice de ce beau livre, où je suis appelé par le digne auteur et par le vaillant compagnon d'armes des *Héros de Camaron* à célébrer, à mon tour, soixante-trois victimes méconnues d'une guerre néfaste, je me recueille et j'hésite, comme devant un temple magnifique dont la déesse monstrueuse, qui va m'y apparaître, m'inspire plus d'épouvante que de vénération.

La guerre !...

Quels souvenirs affreux ce nom rappelle ! — je ne dis pas à un soldat, tel que l'abbé Lanusse qui, connaissant de vieille date ce fléau nécessaire, le maudit et l'excuse : mais aux jeunes hommes de ma génération qui, tard venus au déclin de ce siècle, n'auront vu de fumée que sur les toits de leur village et d'ombres que celles des montagnes tombant, avec le soir, dans les tranquilles paysages de leur hameau natal ou dans les pastorales de Virgile qu'ils expliquaient au collège, pendant notre dernier 1870 :

Et jam summa procul villarum calmina fumant,
Majoresque cadunt altis de montibus umbræ.

Mais ces villes en flammes, brûlant sur les hauteurs et dans les plaines comme d'épouvantables torches qui rougeoyent tout et qui n'éclairent rien ; mais ces fleuves de sang, ces routes défoncées, ces prés flétris ; mais ces champs de blés mûrs qu'ont désertés les alouettes et dont les moissonneurs, vêtus en soldats rouges, viennent abattre au galop des chevaux et sous les affûts roulants des mitrailleuses l'immense nappe blonde, pour servir de suaire à cette jeunesse d'hommes tombant là, avec les coquelicots et les roses et toute une jeunesse de fleurs : oh! ce spectacle, qui d'entre nous, s'il ne l'a vu, peut se l'imaginer sans éprouver, par la seule vision, plus d'horreur même que par un champ de bataille véritable et loin duquel on s'exagère peut-être les horreurs? Pour moi, je ne sais quelle peur ma mère m'inspira, dès la première enfance, à ce seul mot de « guerre ».

— « La guerre, mon petit !... Dis-moi bien que tu ne la verras jamais. » Et aussitôt, de ses deux mains suantes, elle me rejetait sur sa poitrine où les seins haletants faisaient une mer grosse de tempête. Et ses yeux noirs, d'ordinaire si doux, se troublaient tout à coup, comme s'ils avaient vu venir dans le lointain de mes vingt ans ce grand cheval noir de la Mort, d'où la macabre écuyère, tendant vers moi sa main osseuse, me saisirait au passage et m'emporterait en croupe, dans un bruit de mitraille assourdissant les cris de la mère et de l'enfant.

— « ...Pas, dis, que tu ne seras jamais soldat ? »

Mon Dieu! puisque, d'être soldat, cela faisait pleurer ma mère, je voulais bien ne pas le devenir. Mais pouvais-je résister au plaisir de faire au militaire, avec mes camarades et les sabres de bois que nous nous façonnions? Et, quand le régiment allait passer sur notre promenade, ferme-rais-je les yeux pour ne pas voir rougir ces pantalons dans la poussière de la route, bleuir ces capotes roulant là-bas en forme de nuages, briller au loin ces ceinturons et ces fusils comme autant de soleils dan-sant en ligne et éblouissant l'autre qui restait suspendu dans le ciel, tel qu'une faible lampe vacillante? Si la guerre n'était que cette lumineuse passade de fiers gars, au plein midi et dans la claironnée chantante des cuivres, vraiment ce n'était pas chose si laide.

C'est vrai, que je m'échappais aussi quelquefois de chez nous, pour me réfugier chez le perruquier du voisinage. Là, me hissant sur une chaise, de longues heures, je regardais les estampes coloriées et encadrées du salon de coiffure. C'étaient des sujets de bataille. Ici, j'épelais : BA-TAIL-LE D'IN-KER-MANN ; là, BA-TAIL-LE DE MA-GEN-TA ; et là, PRI-SE DE MA-LA-KOFF. Les petits soldats de la promenade militaire, dont les clairons joyeux marquaient si bien le pas, n'étaient ici plus rouges seulement par leurs pantalons gais et par leurs frais visages : c'é-tait par de longues coulées de sang sur

leurs joues balafrées, sur leurs poitrines
défoncées par les balles, sur leurs jambes
cassées par la mitraille qu'ils étaient
rouges maintenant, les pauvres tristes
soldats, et que, étendus à terre, ils ou-
vraient vers le bon Dieu leurs yeux
blancs d'agonie et, vers l'absente, leur
bouche pâle, appelant pour un dernier
baiser et pour une dernière prière :
— « Maman !... maman !... »

Moi aussi, je rentrais vite à la maison, je me jetais dans les genoux de ma
mère, je m'accrochais à ses robes, je lui
jurais que, non ! jamais je ne serais soldat.

II

Et puis, l'on me mit à l'école.
Dans les rayonnements et les apo-

théoses de l'histoire que l'on m'y fit apprendre, la guerre commença à me paraître moins atroce. J'en étais venu même, après avoir appris sommairement notre *Histoire de France*, à dégager de ces rosées sanglantes que les nations font pleuvoir sur leurs terres l'image rayonnante et vengée de la patrie ; et je la regardais, cette patrie radieuse, émerger haute de la petite marge de mon livre d'école, comme on regarde s'élever sur les prés et dans les brouillards du matin l'aurore annonçant un beau jour. L'idée de guerre se mariait déjà à l'idée de gloire, dans mon âme naïve, quand, un matin, toute l'illusion tomba devant cette réalité qui avait fait déjà pleurer ma mère et qui reprit de peur mon cœur vaincu.

Ce matin-là, notre vieux maître en longue redingote grise nous avait raconté, avec des mots lumineux comme

des phares, où en était l'histoire de
notre art national. Depuis que Géricault
avait ramené des mers occidentales le
pavillon de France, vaincu mais encore
flottant sur le radeau de la Méduse, et
que Gros, choisissant un poitrail de cheval où râler en géant, avait couvert les
corps épiques des derniers grenadiers
de Bonaparte sous le manteau néfaste
mais sans tache des neiges transrhé-
nanes; Ary Scheffer mettait à genoux
ses madones et les faisait prier pour la
patrie agonisante. La foi aussi prenait
Ingres aux entrailles et inspirait au Ra-
phaël de France cette Vierge de la grâce
robuste, qui présentait à Dieu le vœu de
ses faibles enfants. Plus mâle encore que
ce dernier Romain, Proud'hon avait
compris que le relâchement des races,
ayant fait suite, de tout temps, aux
grandes épopées, pouvait aussi être
l'abîme où s'engloutirait notre France,

au lendemain de Waterloo ; et il nous
invitait à la contemplation sévère de son
blanc Crucifix. De ce Jésus cloué, qui
exhalait son âme triste dans un ciel bas
et noir, le sobre Delaroche dégagea
l'homme aux lignes sèches et le pro-
posa comme un modèle de virilité à la
deuxième génération de ce siècle qui,
par oisiveté ou détention des muscles,
se faisait matérielle et perdait une à une
ses croyances célestes. Or, cet exemple
humain ne pouvant rien sur nos âmes
françaises que les batailles du premier
Empire avaient épuisées et que la fausse
paix de la deuxième époque des Napoléon
retenait endormies, voici que Delacroix
perdait espoir. De la barque de Pierre
menaçant de sombrer, où ne se réveillait
pas Jésus, à la Convention nationale où
Boissy d'Anglas debout s'appelait le dernier des grands hommes, le dernier des
grands peintres de notre religion et de

notre histoire allait et venait, avec la force désolée d'un lion. Mais enfin il fallut bien que, mis à bout d'argument qui émût nos consciences ou seulement réveillât notre orgueil, le farouche Delacroix se rendît : et le voilà, qui se prend tristement à conclure à la folie d'Hamlet et à mesurer en misanthrope la largeur de nos crânes, moitié penché sur nos tombeaux...

Notre bon professeur d'histoire en était là, de sa triste leçon, et je suivais moins attentivement celle-ci que la redingote grise aux amples basques, entre lesquelles allaient et venaient nerveusement les courtes jambes du vieillard, quand, tout à coup, des clairons sonnèrent dans la rue.

Si vous aviez pu voir comme aussitôt les yeux éteints de notre maître s'allumèrent, et comme tout ce petit vieux corps se redressa, vous vous seriez

attendu avec nous à quelque chose
d'extraordinaire. Et puis, reprenant
son air froid, il nous dit simplement
que c'étaient nos soldats qui partaient,
et que c'était la guerre. Comme un départ pour la guerre était pour nous spectacle neuf, il nous mit sur deux rangs et
nous mena devant la porte de l'école où
les soldats passaient. Nous entendions,
comme des hommes ivres, ces soldats
qui criaient :

— A Berlin !

Mais les fanfares couvraient les voix.
Et quand le régiment eut défilé, il me
sembla, — l'image m'en est toujours
restée dans la mémoire, — que j'avais
vu passer, pêle-mêle, un troupeau de
grands bœufs qu'on mène aux abattoirs
et dont les flûtes du carnaval couvrent
le beuglement. Les voix s'en allaient ;
les clairons, avec elles. Il ne resta dans
l'air qu'une envolée de poussière, de fan-

fares et de cris des mères éplorées, auxquels notre vieux maître mêla sa plainte quand il nous eut fait regagner nos bancs :

— Les fous !... les fous !...

Il termina bien sa leçon en disant que ces coups de clairon, il en avait l'espoir, réveilleraient la France... Mais, depuis, nos soldats sont revenus, — pas tous, hélas ! — des bords du Rhin ; notre vieux maître est mort, et voici bien vingt ans que le livre d'histoire gît à la même page, entre les doigts glacés du pauvre vieux en redingote grise.

Encore cette fois la guerre, avec ses tourbillons de poudre noire et ses nuages de sang montant de trop nombreux et trop cruels champs de bataille, n'avait pu apparaître à ma faible intelligence comme une école où Dieu apprend les nations fières à s'humilier sous sa main, et celles qu'une excessive prospérité

fit déchoir de leur grandeur à s'élever,
par des vertus plus fortes, à un état plus
sublime. A côté de la leçon d'histoire
de la veille, je n'avais vu que les dépêches du lendemain par lesquelles j'ap-
prenais que la France malheureuse d'hier
était, aujourd'hui, plus malheureuse encore.

Oh ! cette guerre, cette guerre, que
j'étais loin de la comprendre, et que je
la détestais d'un cœur navré !...

III

Alors, pour des études meilleures, je
fus conduit au séminaire de ma ville na-
tale.

Là, je lus les Hébreux ; là, les Grecs,
là, les Latins. David et sa piété, Homère et sa douceur, Virgile et sa mélan-

colie, avaient enfin ravi mon âme vers
ce jardin antique où s'épanouissait encore, après trois mille ans, la fleur suave
des souvenirs passés. Combien j'étais
heureux de partir enfin, en oiselet qui
volète de ses premières ailes, vers ce
jardin lointain, vers cette fleur ancienne !
Il était blanc, comme les terres qui
vieillissent et qui blanchissent parmi
les aubépines et les églantiers d'un nouveau printemps. Elle était jaune, comme
une de ces grandes roses que le soleil a
dorées trop longtemps et qu'ont épuisées
les abeilles. Mais il était si bon et elle était
si belle, que je passais mes jours entiers
à l'ombre de leur mélancolie. Les nuits,
j'y étais encore. Dans sa bibliothèque,
ma mère garde encore une *Enéide* mi-
nuscule que j'emportais, le soir, au lit et
qui dormait avec moi, sous ma tête pleine
des lieux « où fut Pergame ». Pourquoi ai-
mais-je tant ces livres, que je lisais si mal

e ncore ? Je ne sais. Mais tout me plaisait, en eux : les mots, grecs ou latins, que je n'entendais pas et qui devaient être remplis de si mystérieuses choses ; les vers, a lignés en mesure, comme des plumes sur des ailes qui vont s'ouvrir pour un lointain voyage ; jusqu'au papier des pages vieilles, jusqu'au cuir fatigué des reliures, qui étaient à mes yeux une partie antique de l'âme des poètes qui avaient chanté là l'histoire de leur temps.

Et cette histoire aussi, je pus enfin la lire. Mais pourquoi l'illusion tomba-t-elle, et la fleur jaune ne projeta-t-elle pas plus longtemps sur mon intelligence l'ombre suave qu'elle y avait fait précédemment errer, sous le soleil passé des siècles morts, alors que les pays de David, d'Homère et de Virgile m'apparaissaient comme des terres douces où les patriarches et les pasteurs avaient vécu, au milieu de leur tribus heureuses et de

leurs troupeaux bêlants, parmi la psalmo-
modie religieuse des hymnes et le récit
des poèmes épiques ? Pourquoi à l'idylle
de Ruth et de Booz allaient sitôt faire
suite les chants de guerre de Debbora et
de Judas Macchabée, et au Cantique des
Cantiques de l'épithalamien Salomon se
mêler les strophes révoltées du lyrique
David ? Pourquoi Ulysse ne vivait-il
toujours parmi les brebis et les fromages
de la caverne de Polyphème ; et que le
féroce Achille ne laissait-il encore à leurs
montagnes les troupeaux paisibles d'Iléé-
tion, père d'Andromaque inconsolable ?
Pourquoi, après les dix églogues et les
quatre géorgicon du doux poète de Man-
toue, les douze livres ensanglantés où
le pieux Enée pleure la fin de Troie, sur
cette terre d'Italie qui ne lui parle encore que de guerre ?

Oh ! la guerre, l'horrible guerre « détes-
tée par les mères anciennes », elle avait

donc fait pleurer d'autres yeux que les
yeux de ma mère, et c'était au plus lointain des âges et chez les peuples des
pasteurs mêmes que je la retrouvais encore ?

Je lisais donc d'un cœur déçu l'histoire
ancienne où m'apparaissaient, comme
dans l'histoire d'aujourd'hui, les mêmes
grandes taches de sang. Sur ces pages
passées, où des millions de morts avaient
vécu, se réflétaient alors, pour me les
peindre plus barbares, les feux brûlants
encore de Vissembourg, de Frœschwiller,
de Gravelotte, de Sedan, de Paris. Et ma
fleur jaune, — la triste fleur des souvenirs anciens, — était sitôt flétrie, à la
lueur de tant de villes antiques et mo-
dernes, dont toujours l'incendie fut ou
sera le souverain. Quoi ! sous le ciel si pur
de Dieu, pas une cité qui ne reflète quelque jour ces horreurs rouges, dans ses
sources vouées à la paix éternelle de

leurs eaux bleues ? Quoi! dans la bonne nature, faisant croître sans une tache les lys des champs, pas une conscience d'homme que la haine ne souille ? Quoi ! tant de morts, pour tant de vies ; et, pour tant de beautés, tant de laideurs ?

Un duel effrayant s'agitait dans mon âme, entre ces deux éléments de paix et de guerre incessantes ; et ma tête, pleine de tant de rêves supérieurs et de tant de réalités basses, tombait lasse et vaincue sur les livres d'histoire.

Qu'était-ce donc que la patrie dont on célébrait quelquefois, devant moi, la grandeur ? Si elle n'était qu'un assemblage odieux de familles allant par flots pressés à la mort, comme va un fleuve à l'océan, pourquoi ne pas laisser ce fleuve se perdre plutôt en ruisseaux infinis qui tariraient paisiblement leurs eaux sous l'herbe et sous les fleurs du sol natal ? Du moins, là, le soleil reprendrait goutte à goutte ces perles et les rendrait, en les évaporant, sans bruit, au Dieu qui les créa. Mais ces ruisseaux tranquilles allant, de village en village, jusqu'au fleuve de la grande cité, où ils se font vagues et tempêtes, et ces coulées de sang final où tout un peuple disparaît pour le plaisir de s'être fait de larges rives, — c'était cela, la grandeur de la patrie ?

IV

Je me perdais dans cette image rouge, où je ne pouvais me peindre la patrie avec un visage de mère que j'aimerais comme la mienne, quand un homme passa, un jour, par notre séminaire.

Cet homme était un prêtre ; ce prêtre, un soldat.

Sur sa poitrine et sur sa soutane brillaient autant de croix qu'il en fallait, pour la couvrir. En nous approchant d'elles, on nous en fit voir plusieurs que les balles ennemies avaient pu labourer, sans abattre ce brave, toujours debout. Il revenait du Mexique, de Magenta, de Sedan. Il marchait simplement, dans le soleil qui reluisait sur ses médailles, dans la tranquillité de sa conscience satisfaite. Et quand ce prêtre fut passé, — si magnifique, sans même y prendre garde, — je me pris à réfléchir sur cette chose étrange qui lui avait fait une gloire si fière et si certaine à laquelle je ne pouvais, moi non plus, malgré mon horreur pour la guerre, refuser ma part d'admiration ; et je trouvai enfin, devant ces croix d'honneur et cette vie de lion couronné qu'elles récompensaient de sa bravoure, le mot qui manquait depuis l'enfance à mon cœur pour comprendre l'énigme et aimer la patrie.

Ce soldat ou ce prêtre avait fait son devoir !

Car c'est pour le devoir, qu'on est soldat ; pour le devoir, qu'on va au feu ; pour le devoir, qu'on se fait tuer. Qu'importe, que la guerre soit horrible, si le devoir veut qu'on y aille ! Qu'importe, que le devoir soit chose aussi mystérieuse que la pensée de Dieu même qui veut que les patries, comme Lui, se fassent grandes sur les champs de bataille, où elles se mesurent à leur taille, et où la plus forte enlève à la plus faible la part de territoire qu'elle ne peut porter ? Mais c'est le devoir, et l'on y va droit comme la balle qui vous épargnera ou qui vous frappera. Des mains pieuses et des mémoires reconnaissantes seront là, pour vous y ramasser et pour aller dire à votre mère, — malgré ses larmes et son désespoir, — que, mort, vous êtes immortel ; ayant fait cette chose que tout homme, digne de ce nom effrayant qui porte la vie et la mort en ses syllabes, que tout homme, dis-je, doit faire : — le devoir !

C'est le devoir, Monsieur l'Abbé, qui fit tomber, comme soixante fleurs à peine écloses, ces soixante héros que recouvrait, sans souvenir, la terre du Mexique et l'humble patio de l'hacienda abandonnée où vous êtes allé déterrer leur mémoire. C'est le devoir qui vous a fait écrire, de votre âme de prêtre et de soldat, aussi bien que de votre plume de chroniqueur et de poëte, cette histoire superbe où les survivants de ces braves liront l'exemple qu'ils sauront imiter. C'est le devoir aussi que, par des exemples si éloquents, vous m'avez fait comprendre et que je commence à pratiquer, dès aujourd'hui, en forçant votre humilité même et en publiant la première de vos précieuses chroniques, écrites sur les champs de bataille

de ces quarante dernières années, et autant sous le feu de l'ennemi que sous
celui de votre imagination ardente. Dans
ces histoires robustes, mieux que dans
tant de romans énervés, vous nous ap-
prendrez, vous, soldat, à devenir soldats
aussi ; et vous, prêtre, à être aussi des
chrétiens sous la balle, pour le service et
pour l'honneur du pays qui nous avait fait
naître et qui peut bien nous faire mourir.

V

Et qui sait si ce livre, que j'ai l'honneur d'ajouter au trésor de l'*Histoire de
France*, comme une de nos pages natio-
nales les moins connues et les plus glo-
rieuses, n'arrive pas aujourd'hui à son
heure ? De tout temps il fallut, il est vrai,
aux nations fortes, de grands exemples
....

de courage qui tinssent les esprits élevés
à la hauteur de leurs résolutions. Il est
pourtant des heures où le ciel de la patrie
semble s'être obscurci, où des bruits
d'armes s'entendent au lointain, où les
mains se cherchent dans la nuit. C'est
l'heure où les vieillards qui ont fait
jusqu'au bout leur devoir s'en vont,
en souriant, comme les patriarches,
et laissent le sol de la patrie tout
vide de leurs tombes ouvertes ; l'heure
de mélancolie suprême où, le soleil
mourant aussi après Complies dans
les vitraux des cathédrales, l'Église mêle
sa voix au deuil de la patrie et prie ces
grands vieillards, qui partent, de rester
encore cette nuit auprès d'elles, de leur
conter encore une autre histoire où elles
retrouveront la tradition glorieuse de
leur passé et le gage triomphant d'un
avenir digne d'elles. C'est la prière que
j'aime à lire, dans le bréviaire de ce

prêtre ; c'est la supplication que je lui fais d'un cœur ému, au nom de cette école de Saint-Cyr qui l'a pris depuis vingt ans pour son aumônier et son modèle, au nom de tous les soldats de France qui liront dans l'œuvre de l'abbé Lanusse l'exemple du patriotisme le plus éclairé et du dévouement le plus fidèle :

— *Mane nobiscum, Domine, quoniam advesperascit !*... Seigneur ! il se fait tard. Restez encore parmi nous.

BOYER D'AGEN.

Paris, le 1er juin 1891.

LES HÉROS
DE CAMARON

I

J'ai assisté à de grandes batailles.
Il me serait difficile de rendre les
pensées qui agitaient mon âme, en ce
moment. En effet, dans quel état est
l'âme, en présence de ces vastes cataclysmes, de ces forces, de ces puissances qui se heurtent, qui se choquent et s'écrasent, laissant après
elles des ruines auxquelles on ne saurait donner un nom, qu'on ne pourra

jamais définir,... des cadavres, du
sang, du bronze, du fer, des flammes
et des cendres; en un mot des horreurs ; et, par-dessus tout, des malédictions qui planent sur ces ruines et
dont le souffle ternira toujours les
lauriers des vainqueurs ?

J'ai dit que je ne saurais rendre
les pensées qui agitaient mon âme. Il
faut trouver cependant comme une
expression qui traduise, qui révèle
un sentiment quelconque. Eh bien !
je suis dans l'étonnement. Oui, je
m'étonne que les hommes puissent en
arriver à de telles œuvres. N'y a-t-
il que leur volonté propre? Est-il une
main invisible qui les presse, qui les
entraîne, une main dirigée par une
volonté mystérieuse ; et ne faut-il

pas prononcer ici une parole, tracée par une plume des plus savantes : *Divinum, quia mysteriosum.*

A d'autres, de traiter cette question au-dessus de ma faible intelligence.

Toujours est-il que je suis dans l'étonnement, en présence de ces formidables combats de deux grandes puissances, de ces forces gigantesques qui luttent jusqu'à ce que l'une d'elles, le front dans la poussière, avoue qu'elle est vaincue ou que, dans un noble orgueil, elle reconnaisse seulement qu'elle a été défaite ; suivant l'expression de ce brave général prisonnier qui, sur le chemin de l'exil, trouvait une consolation à dire et à redire : « C'est une défaite pour nous ; ce n'est pas une victoire pour l'ennemi. »

J'ai dit que j'étais dans l'étonnement, en présence de ces gigantesques batailles. Dirai-je que cet étonnement est plus grand encore peut-être, en présence de certains faits isolés qui, de temps en temps, sont enregistrés dans nos fastes militaires ?

Qu'étaient-ils, ceux qui en furent les auteurs ? Toujours et tous, ils furent des héros. Nos guerres du Mexique en font preuve.

Jeunes Français ! qui devez être soldats, dont on veut faire des soldats, parce qu'il en faut à la France, hélas ! aujourd'hui plus que jamais peut-être, soyez heureux de lire ces

gestes de vos devanciers. Pour moi,
dans mon enfance et plus tard encore, j'étais tout oreilles lorsque,
dans l'atelier de mon père, venaient
ses frères d'armes et racontaient les
légendaires campagnes de notre premier Empire, mais avec cet enthousiasme, avec ce genre de littérature
qu'on ne trouve plus aujourd'hui. Et
cependant je ne pense pas, je ne
vois pas qu'une certaine glace soit
passée sur votre patriotisme.

Qu'y avait-il donc alors?

Ah! c'est qu'au-dessus de la patrie,
ou mieux encore avec la patrie, il y
avait l'Idole qui, après avoir tant
demandé à ses vieux soldats, leur
avait fait une abondante récolte
de lauriers : l'Idole, qui avait nom

1.

l'Empereur! Je peux le dire, jamais ces vieux grognards ne laissaient échapper les noms de Bonaparte ou de Napoléon : ils l'appelaient l'Empereur !

Ceci me rappelle tout particulièrement un de ces soldats, un tambour des grenadiers de la Garde, notre voisin qui, à tous les jours de fête, se faisait un devoir de taper consciencieusement sur sa caisse et... de boire après, comme il avait bu avant et pendant quelquefois. Il tapait bien, l'ami Penoul. Il n'avait pas eu la félicité de tomber sur un champ de bataille, disait-il. Il lui fallait mourir dans un lit, comme un simple mortel ! Mais, s'il n'avait pas trouvé la mort dans ces glorieux combats, il y avait recueilli autre chose. Au pied des Pyramides, il recevait les baguettes d'honneur, des mains du général Bonaparte ; plus tard, après un fait d'armes magnifique au passage du Rhin, il obtenait la croix de chevalier de la Légion d'honneur. Que de fois, jeune enfant, je l'ai suivi à la tête de la Garde nationale, lui, toujours dans ses guêtres et dans son uniforme des grenadiers de Bonaparte !

Il avait pour tambour-major l'homme le plus grand qui se pût voir ; grandi encore par son bonnet à poil, surmonté d'un immense panache : Barthélemy, passé gardechampêtre sur ses vieux jours. Celui-ci ne parlait jamais de l'Empereur sans avoir des larmes aux yeux, grosses, je vous l'assure, en proportion de sa taille de géant.

Penoul, le brave Penoul, restait toujours bon vivant, et toujours avec ses guêtres et ses culottes courtes... Enfin, il lui fallut mourir. Voyant le moment approcher et ayant bien rempli ses devoirs religieux avec l'abbé Brun, fils d'un Egyptien comme lui, il dit à sa femme :

— « Femme, apporte-moi mes baguettes d'honneur ! »

Il les approche de ses lèvres.

— « Femme, apporte ma croix d'honneur ! »

Il la prend, la regarde et la baise plusieurs fois.

Une gravure, placée en face de

son lit, représentait Napoléon Ier
en capote grise :

— « Femme, apporte-moi l'Empereur !... »

Il se découvre, demande qu'on le
redresse autant que possible sur son
lit et colle ses lèvres sur l'image
sacrée.

— « Maintenant je peux mourir »,
dit-il.

On avait aperçu des larmes dans
ses yeux.

Quelques instants après il rendait
son dernier soupir, le vieux tambour des grenadiers de la Garde qui,
avant comme après 1830, s'était permis de crier : — « Vive l'Empereur ! » Jamais cependant, tellement
on le connaissait idolâtre du petit

Caporal, jamais on ne lui dressa même un semblant de procès-verbal. Bien plus, avant comme après 1830, Penoul avait porté toujours son chapeau à claque. Le croiriez-vous, il y avait laissé bien apparente la cocarde tricolore. Quand on lui disait qu'il était en contravention, savez-vous quelle était sa réponse ?

— « C'était ainsi, du temps de l'Empereur. »

L'Idole, toujours et toujours...

Qu'on ne se figure pas cependant que ces braves gens n'avaient en vue que l'homme, le Grand Homme, comme ils l'appelaient encore. Non, assurément. Ou plutôt cet homme était la personnification de la France. C'est parce qu'il l'avait faite si glo-

rieuse, qu'ils l'aimaient, qu'ils l'ado-
raient ; et c'est la preuve, qu'à leurs
yeux rien n'était au-dessus de la
France. Elle était la première nation
du monde ; ils en étaient les premiers
soldats, par conséquent.

Jeunes Français ! comme vos pères,
vous voulez la grandeur de notre
patrie bien-aimée. Comme eux, vous
voulez des victoires. Sachez-le bien,
pour des victoires, il faut des dévouements et des courages. Il ne faut
pas que chacun, dans l'armée,
cherche à avoir la place la plus
commode et la moins périlleuse. En
un mot, il faut des hommes de sacrifice, ce qui signifie des hommes
de devoir. Le devoir !... est-ce qu'on

ne l'oublierait pas trop de nos jours, où sans cesse on parle de droits?

Jeunes Français! lisez l'étonnant épisode de Camaron, et vous verrez quels étaient les devoirs du soldat, quels étaient les droits de la patrie. Lisez ici les noms de ces héros, qui devraient être écrits en lettres d'or. Qu'ils restent dans votre mémoire. Ils furent autant de martyrs de la consigne et du devoir. Dans l'occasion, vous ferez ce qu'ils ont fait.

Après avoir écrit dans ses Annales militaires, et parmi les épisodes les plus saillants, ces épisodes, qui étonnent par le courage que déploya une poignée de braves contre des forces vingt fois plus nombreuses, je voudrais qu'une nation les fît apprendre à ses soldats, comme elle leur fait apprendre et retenir certains articles de la Théorie. Qui sait les fruits qu'on en pourrait recueillir !

Vous lirez ce récit. Vous en serez dans l'admiration. Vous en aimerez davantage votre drapeau, et vous contribuerez un jour à faire descendre sur lui quelque rayon de gloire, à côté de ceux que lui créèrent vos devanciers.

II

Mon admiration, je la donne à
tous les dévouements et à tous les
courages. Mais, aumônier militaire,
on me permettra d'avoir comme une
préférence pour le courage, pour
l'héroïsme des champs de bataille.
Voilà pourquoi je me suis plu à retra-
cer certains épisodes de nos campagnes, particulièrement de la cam-

pagne du Mexique. L'issue de cette expédition de six ans ne doit pas nous faire oublier ce que furent nos soldats, dans ces régions lointaines. Ils eurent à lutter contre le climat et les privations, contre les maladies et des forces toujours supérieures par le nombre et par la connaissance des lieux.

Il fut un moment où nos soldats étaient à peu près partout, dans ce pays quatre fois plus étendu que la France. On sait le chiffre restreint des régiments qui traversèrent les mers. L'héroïsme devait donc y suppléer. Il ne fit pas défaut. Aussi, que tous ceux qui furent les témoins ou les acteurs de ces faits extraordinaires les racontent aux soldats de l'avenir. Il est bon qu'ils sachent ce que furent leurs devanciers, quand il s'agissait du devoir, de l'honneur et du drapeau de la France.

Je vais donc raconter le combat de soixante-cinq de nos héros, contre près de deux mille ennemis. Je regrette d'avoir à employer cette dénomination vis-à-vis d'un peuple qui, en général, ne demandait pas mieux que d'être l'ami de la France. Mais, une fois la guerre engagée, il faut bien trouver un terme qui désigne celui qui est votre adversaire.

Je vais prodiguer l'or et les couleurs à ceux qui ont si généreusement prodigué pour la France leur sang, leur jeunesse et leur vie (1).

Après tout, je suis dans cette école où avait été façonné le cœur du capitaine qui commanda ces braves, et qui sut si bien faire passer dans leur âme son énergie et la volonté de vaincre ou de mourir.

Oui, le capitaine Danjou avait été un des élèves de ma chère école, de ce premier Bataillon de France où l'on ne demande qu'à imiter ceux qui ont fait sa gloire. Saint-Cyr, que de héros tu donnas et donneras en-

(1) L'auteur des *Héros de Camaron* a écrit originairement cet épisode sur un manuscrit dont chaque page est enluminée et prodigue, en effet, à ces braves l'or et les couleurs. Dans cette édition modeste, nous donnons une faible idée de ces enluminures, par la couverture du livre empruntée aux précieux dessins de l'abbé Lanusse.

(B. d'A.)

core à la patrie ! Danjou te quitta, pour courir aux plages de la Crimée. Il commença par perdre sa main gauche, devant Sébastopol. La main droite devait lui suffire, pour élever et porter bien haut la noble épée de la France.

Pour de tels soldats, il faudrait du bronze. Mais le vélin aussi peut braver le temps, et il se prête à tout ce que le cœur et la reconnaissance peuvent étendre sur les pages destinées à perpétuer des gloires et des exemples, dans l'avenir.

III

Vous approchez de *Vera-Cruz*.
Déjà, depuis plusieurs heures, vous
apercevez le pic si blanc de l'*Ori-*
zaba. Vous êtes à l'entrée de la
rade, si l'on peut appeler ainsi cet
espace qui s'étend entre l'île de *Sa-*
crificios — des brisants de corail —
et la ville, au delà de laquelle vous
apercevez des terres d'une aridité qui
jette votre âme dans la tristesse, avec

le souvenir des récits qui vous en furent faits. Jusqu'où s'en vont ces terres, qui portent le nom de Terres-Chaudes?... Elles sont la terreur des habitants des hauts plateaux.

On pourrait dire qu'elles se terminent au *Chiquihuite*, un peu plus loin, si vous voulez. Le *Chiquihuite* est une montagne couverte d'une épaisse forêt aux grands arbres, habitée par des serpents et des chats-tigres, mais aussi égayée et embellie par des oiseaux aux éblouissants et riches plumages, par des papillons aux splendides couleurs. La présence des Français qui fouillaient tous les recoins de la montagne a dû tant soit peu contrarier ces bêtes, et même les forcer à chercher plus

loin un nouveau domicile. Ce n'est
point l'espace qui manque au Mexique, même pour les chats-tigres et
les serpents.

Un torrent profondément creusé,
largement ouvert, comme tout ce qui
s'est fait jour dans les plaines et les
montagnes du Nouveau Monde, s'é-
chappe du *Chiquihuite* et coule assez
longtemps à ses pieds. Sur ces profondeurs s'épanchent des arbres séculaires, reliés par des lianes dont aucun œil humain ne saurait suivre la
course, du sommet à la racine et bien
plus loin encore, presque jusqu'aux
ondes rapides du torrent. De la rive
droite, un pont en pierre donnait ac-
cès sur la rive gauche, adossée à la
montagne. Les Mexicains l'avaient

fait sauter. Nous dûmes le remplacer par un pont en bois. Ici encore ils avaient élevé une batterie. Nos premiers soldats en jetèrent les pièces dans les profondeurs du ravin. J'ai voulu les voir de près. L'inscription et l'écusson d'Espagne témoignaient de leur origine.

Ce n'est point parmi ces pièces, qu'on en devait trouver une semblable à celle qu'on avait prise à *Pérote*. Elle était à *Puébla*. Le fort de *Pérote*, lorsque nous y sommes entrés, comptait, parmi ses canons, un de ceux qu'on avait pris au Roi qui, dans une glorieuse défaite, avait tout perdu — fors l'honneur.

Les canons de *Pavie* reviendront sur la terre de France !

Comment de la *Vera-Cruz* arrive-t-on au *Chiquihuite ?*

Peut-on appeler une route cette ligne que l'on suit par habitude, ce tracé qui n'est marqué que par de profondes ornières, par des interruptions qu'on pourrait appeler des précipices : chemin qu'on élargit à volonté, qu'on abandonne pour en suivre un autre, ou à droite ou à gauche, lorsqu'enfin les pluies torrentielles des *aguaceros* ont rendu le premier complètement impossible? Le long de cette route, de ce tracé par habitude, qu'on ne répare jamais et qui conduit dans l'intérieur du Mexique, qu'y a-t-il? Nous allons le savoir.

Le chemin de fer, qui doit relier

Vera-Cruz à *Mexico*, se termine à la
Tajeria pour le moment; à peu près
la valeur d'une étape. J'espère que,
plus tard, traversant le vaste empire
mexicain, il reliera le Grand Océan à
l'Océan Pacifique, avec des embran-
chements qui donneront la vie,
comme de grandes artères, à ces régions destinées à être les plus belles
et les plus riches du monde. Oui, le
Mexique a tout ce qu'il lui faut pour
être une des plus grandes nations. Il
a, inépuisables, des mines de char-
bon, de fer, de cuivre, d'or et d'ar-
gent. La Providence lui a prodigué
tous les minerais, à la fois. En fait de
céréales et de fruits, il peut, par ses
différents climats, donner à tous un
asile. En fait d'arbres, il produit

toutes les essences. A lui maintenant d'installer des travaux d'art,
pour aider à ses splendides soleils et
à ses eaux qui surgissent assez abon-
dantes. De plus, avec ces travaux d'art
dans les Terres-Chaudes, on pourra
même améliorer cette lisière si re-
doutée qui borde les deux océans.

J'aime le Mexique. J'aime ses habitants. Ils ont — et grandement —
l'amour de leur pays, de son indépendance avant tout. Laissez-le faire,
et vous verrez quel grand peuple il
deviendra plus tard sous son beau
ciel, sous le ciel de la paix.

Et pourquoi tous les peuples du
monde ne font-ils pas ce que va faire
le Mexique, pour son bonheur et
sa prospérité ? Déposons donc nos

armes, nos haines, nos colères, et, sous l'œil de Dieu, marchons vers le progrès.

J'ai dit que le chemin de fer de *Vera-Cruz* n'allait encore qu'à la *Tejeria*. Nous le prenons, avec deux compagnies, quelques officiers et quatorze sœurs de Saint-Vincent-de-Paul. Dans nos wagons, nous sommes comme asphyxiés par la chaleur. Le lendemain, départ pour la *Soledad*. D'ici là, le désert, bien que la carte indique certains noms, *Santa-Anna*, *La Purga*, *Wêta-Cordera* : emplacements de quelques misérables cases, ruinées pour la plupart.

Auprès de ces cases, des mares avec une eau bourbeuse à la saison des pluies. L'eau potable est à quelques kilomètres, soit au *Rio-Zamapa*, soit au *Rio-San-Juan*.

Nous couchons à *Santa-Anna*, après six kilomètres de la marche la plus pénible. Ici, les ruines de deux pauvres habitations. A cinq heures du matin, debout pour venir à la *Soledad*. Après deux heures de marche, au milieu de taillis bien propres à une embuscade, les débris d'un convoi attaqué et en partie brûlé par les *guerilleros*. A la *Soledad*, l'église et trois maisons en pierre, avec quelques cases en bois et au toit de chaume.

Après la *Soledad*, nous marchons sur des pierres ressemblant à de larges dalles. Elles sont le produit d'un soulèvement volcanique. La colonne avance entre des forêts de *mes-*

quites. Ici, les restes d'un cadavre, à moitié dévoré par les *coyotes*. Nos soldats recouvrent de terre ces tristes débris de quelque camarade, sans doute.

Sur notre droite, cinq ou six coups de fusil partent de la forêt. « Ils veulent faire de la *fantasia* », dit-on dans la colonne ; et on continue la route, qui devient plus mauvaise. Sous nos regards, toutes sortes de cactus.

A quatre heures, nous sommes à *Palo-Verde*. A la saison des pluies, ce ne doit être que marécages. Dans ces parages, comme dans le chemin que nous venons de parcourir, pas une seule habitation. Nous campons dans la partie découverte, comme toutes les colonnes et tous les convois qui passent par ici. La principale raison, c'est le voisinage d'une source qui donne une eau claire et excellente. L'eau, sous les tropiques, quelle fortune en effet ! Jamais je n'ai si bien compris la vérité de cette parole d'un chef arabe, aux confins du désert, en Afrique : « Vous avez de l'eau, chez vous ? dit-il à un de nos officiers. — Oui, et en abondance. — Comment donc venez-vous par ici, où elle est si rare ? »

Sur la droite de la clairière, un poste de la légion étrangère, qu'on a retiré plus tard. Il est abrité sous des gourbis.

Notre colonne se remet en marche, au point du jour. Sur nos têtes, des bandes de perroquets. Comme

ils contribuent à nous distraire,
nous supportons volontiers leur in-
cessant bavardage. Que disent-ils ?
que veulent-ils dire ?

Des zouaves, au loin, au travers
de l'herbe la plus épaisse, courant
après des bœufs qu'ils appellent sau-
vages, mais qui doivent appartenir
sans doute à quelque hacienda, si-
tuée là-bas, à huit ou dix kilomètres, au pied de la montagne. Il
leur en faut un. Ils l'auront. Voilà
qu'il tombe, sous leurs balles.

La colonne approche de Camaron
une *hacienda*, une hôtellerie. Avant
d'y arriver, sur des taillis qui bordent
la route, quelles fleurs aux couleurs
variées ! liserons, campanules, qui
grimpent, courent, se multiplient et

sont visitées par les papillons les plus beaux, les plus riches d'or, de pourpre et d'azur. En temps ordinaire, qui les contemple, dans ces déserts uniquement fréquentés à certains intervalles par les *arrieros* du commerce, par quelques voyageurs qui se hâtent de traverser ces parages dangereux? Qu'on n'oublie pas que nous sommes toujours dans la zone des Terres-Chaudes.

Camaron !....

Pour cette fois, je me borne à aller prier sur la tombe de l'un de nos confrères, l'abbé de Ribens, mort des suites du *vomito-negro*. Le mal avait commencé à la *Soledad*. Tout le monde ayant dû marcher en avant, l'abbé de Ribens fut placé sur une litière et emporté à dos de mulet. Une autre litière faisait le contrepoids avec un caporal, atteint également de la fièvre jaune. Le caporal mourut en route. L'abbé de Ribens expira, quelques heures après l'arrivée de la colonne à Camaron. J'ai hérité de sa modeste chapelle militaire.

Nous avons continué notre marche en avant, sur *Passo-del-Macho*, le *Chiquihuite*, *Orizaba*. Trois mois de séjour dans cette dernière ville et, après, je suis venu devant *Puébla*. De *Puébla*, à *Mexico*. J'ai mentionné, en diverses relations écrites, sans être publiées encore, mes courses nombreuses dans l'intérieur du Mexique.

Mais Camaron !...

IV

Qui pourrait, sans étonnement, entendre parler de l'ascension des inaccessibles *cumbrés* par les soldats du premier général qui commanda au Mexique, le brave De Lorencez; du fait d'armes de la *Barranca-Secca*, accompli entre ces mêmes *cumbrés* et *Ingenio*, par quatre de nos gendarmes et leur brigadier?

Qui n'admirerait la charge des

chasseurs d'Afrique à *Cholula*, la
résistance de nos huit soldats contre
les cavaliers de *Roméro* quinze fois
plus nombreux ? Abrités d'abord
dans une case indienne, ils se re-
tirent dans une grande case, fuyant
les flammes qui dévorent leur premier refuge. On leur crie de se
rendre. Ils répondent, avec des
balles. La lutte dure presque tout le
jour. A la nuit, sept de ces braves
étaient morts. Le brigadier seul avait
pu se sauver, à la faveur des ténèbres ;
la dernière case du *rancho* se trou-
vant adossée à une forêt. Il était
couvert de blessures, mais il empor-
tait les dépêches du gouvernement
qu'il avait placées sur sa poitrine. Il
arriva exténué dans un village où se

trouvait un de nos postes. On lui dit de se remettre, qu'on irait porter les dépêches à *Mexico*. — « Non, répond-il, je les porterai moi-même, devrais-je succomber en franchissant le seuil du commandant en chef! »

Ses camarades reposent à *Arroyo-Sarco*. On peut lire leurs noms sur une pierre tumulaire. J'ai prié sur leur tombe, comme j'avais prié dans les cases où ils trouvèrent la mort. J'ai voulu un souvenir : j'ai cherché et j'ai pu emporter deux balles, celles peut-être qui avaient mis fin à un si bel héroïsme.

Et les dix soldats du 81e, surpris, alors qu'ils accompagnaient le courrier, par deux cents cavaliers mexicains? Avec eux, un chasseur à pied. Nos onze braves se réfugient dans une maison construite en forme de chalet, résolus de se défendre jusqu'à la mort.

On les somme de se rendre.

La réponse des braves est la leur : et ils envoient des balles.

On leur crie que la résistance est inutile. Encore des balles. Le chasseur est tué. La maison brûle. Malheur! c'est d'ici que la dernière balle est partie. Alors, devant l'habitation qui s'effondre, le sergent fait aligner ses hommes. — « Baïonnette au canon!... leur dit-il, nous allons nous ouvrir un chemin. »

Et les Mexicains : — « Français, rendez-vous ! Nous avons admiré votre courage. Nous saurons vous

traiter comme vous le méritez si bien.
Il est inutile de vous faire tuer. »

Le sergent, après avoir interrogé ses camarades, fait quelques pas en avant : — « Nous promettez-vous de dire que nous avons fait notre devoir, et que nous nous sommes défendus jusqu'à la dernière extrémité ? »

On leur répond que les Français auront pour garantie l'admiration qu'ils ont su faire naître, dans tous les cœurs.

Nos dix braves se constituent prisonniers. On leur laisse leurs armes. Quelque temps après, on nous les rendait en échange de prisonniers mexicains.

Ailleurs j'ai rappelé cet épisode et

je lui ai donné pour titre : *Une dernière cartouche au Mexique.*

Je suis resté près de trois mois à
Orizaba. Je ne crois pas avoir passé
un seul jour sans porter mes regards
sur le *Borrégo*, illustré par le capitaine Détrie et ses soldats du 99ᵉ.
Où ont-ils passé, la nuit, pour
arriver au sommet de cette montagne
qui paraît inaccessible du côté d'*Orizaba ?* Et cependant ils en ont délogé
trois mille ennemis, qui y étaient par-
venus par les forêts et les pentes
prolongées du côté qui regarde *Ingenio.* Plus tard et par un chemin à
mulets, tracé par le Génie sur les
flancs de la montagne, j'ai eu toutes
les peines du monde à arriver jusqu'au pied de la croix qui la domine.

Cette croix, en fer, a été élevée par nos officiers sur les restes de nos quelques morts et des morts si nombreux de l'armée mexicaine.

Mais de tous les épisodes auxquels a donné lieu la campagne du Mexique, il en est un qui réveille particulièrement mon admiration. Je dirai plus : amis et ennemis doivent également l'admirer. On doit le placer, comme souvenir, comme exemple, devant quiconque porte un habit de soldat : c'est Camaron !

Aussi, plus d'une fois la pensée m'est venue d'écrire à notre Ministre de la Guerre, pour qu'il s'entende avec le Gouvernement mexicain afin d'élever un monument dans les plaines que soixante de nos héros ont rendues

4.

à jamais mémorables. Une armée, quelle qu'elle soit, ne peut sans utilité rappeler à son souvenir une semblable valeur. Une fois ou l'autre, on peut être appelé à faire ce que d'autres soldats, esclaves du devoir, ont opéré en d'autres temps.

V

Camaron !...

J'y suis revenu une seconde, une troisième fois. La troisième, ce fut en reprenant le chemin de la France. La seconde, ce n'avait plus été seulement pour prier sur la tombe d'un digne confrère, victime de sa charité; mais pour prier aussi sur la tombe de héros plus nombreux, et pour visiter un de ces champs de bataille sur lesquels le bronze, si encore du moins on le croyait assez durable, devrait perpétuer les combats et la gloire de ceux qui tombèrent là, dans ces «luttes de géant», suivant l'expression du général Forey.

J'arrive donc au grand épisode, au drame de Camaron. Lisez, jeunes soldats! et surtout retenez.

Nous étions devant *Puébla*, poursuivant les travaux du siège et attendant un immense convoi, qui devait nous apporter trois millions et toutes sortes de provisions de guerre, lorsque, vers les premiers jours de mai, nous apprîmes la défense héroïque de la 3e compagnie du 1er bataillon du régiment étranger, détaché du

Chiquihuite pour éclairer la route. Seul, un tambour laissé pour mort par les Mexicains avait pu être ramené au corps. Tous les autres, tués, ou prisonniers avec plus ou moins de blessures. Mais nous en sûmes assez pour admirer les morts et les survivants de ce glorieux combat, digne de prendre rang dans nos annales militaires, à côté des faits d'armes les plus beaux et les plus capables d'honorer une armée, comme l'armée française.

Plus tard, les premiers prisonniers rentrèrent, à la suite d'un échange ; huit des nôtres, contre un plus grand nombre de Mexicains et un de leurs colonels. Que n'aurions-nous donné, pour revoir dans nos rangs de sem-

blables héros? D'autres blessés re-
vinrent encore. Mais enfin, nous
avions huit des acteurs de ce drame
sans précédent peut-être. Un rapport
fut dressé sur leurs dépositions par
le chef de bataillon Régnault, qui
commandait le régiment étranger en
l'absence du brave Jeanningros, détaché à *Vera-Cruz*.

Nos cœurs bondirent dans nos
poitrines, à la lecture de l'ordre du
jour, 31 août, du général Forey
glorifiant les héros de Camaron. Ils
bondirent, à la lecture du rapport du
commandant Régnault. Ce rapport
fut porté à la connaissance de tout
le corps expéditionnaire. Dorénavant, une colonne qui passait devant
Camaron devait présenter les armes,

et les tambours devaient battre aux champs.

Je n'avais plus qu'un désir : celui de voir, un jour ou l'autre, un des héros de Camaron. L'occasion s'en présenta, occasion d'autant plus favorable pour compléter mes renseignements, que je n'étais qu'à quelques kilomètres de cette *hacienda* devenue fameuse. Je me trouvais à *Passo-del-Macho*, où commandait notre brave Saussier. Si vous avez connu ce soldat, vous pouvez dire que vous avez connu l'Honneur et le Courage. Un mois, j'ai vécu avec lui, près de lui. Un mois, je l'ai entendu converser, parler un peu sur toutes choses. Avec sa haute intelligence, le commandant Saussier était digne du plus bel avenir. Il l'aurait, et noblement il remplirait la tâche qui, plus tard, lui serait départie.

Je vivais donc à *Passo-del-Macho* (passage du mulet), au milieu de ces soldats d'un peu tous les pays, de toutes les conditions, qui forment ce qu'on appelle le « régiment étranger ». J'allais voir très souvent un de ceux qui s'étaient trouvés à Camaron. Blessé dans les derniers moments de l'affaire, il avait pu en suivre toutes les péripéties. Il avait été soigné à l'hôpital de *Jalapa* et n'était rentré au régiment que longtemps après, avec quelques autres camarades. Doué d'une belle intelligence, ayant reçu une éducation très soignée, il avait une manière de raconter des plus saisissantes. Dès ses premières paroles, vous étiez sur place.

Un jour, nous formons le projet de nous rendre à Camaron. Nous partons quelques-uns sur nos montures, et nous ne tardons pas à arriver au but de notre course. A mesure que nous approchons, je vois toutes les émotions apparaître et se succéder sur les traits de celui qui allait être notre narrateur et notre guide sur ce champ de bataille si restreint, mais dont la réputation sera, plus tard, large comme le monde... C'est que des larmes coulent, sur cette figure bronzée par les soleils de l'Afrique et du Mexique. Il y a des sanglots, dans cette poitrine qu'ont effleurée tant de balles.

Ne croyez pas que notre glorieux

cicerone nous ait tout d'abord intro-
duits dans l'*hacienda*. — «Nous allons,
nous dit-il, saluer nos vieux camarades. Pour eux, notre première
visite. » Nous nous rendons auprès
d'un tertre, qui s'élève sur la place
même où dorment nos héros. Sur
cette éminence, une colonne brisée
sans inscription aucune. Elle suffira,
pour tout dire aux siècles à venir,
avec les branches de laurier qui l'entourent. Je vois cependant que la
légion étrangère, avant de quitter le
Mexique, avait eu l'intention de faire
graver sur cette colonne la même
légende qu'elle avait, tout d'abord,
inscrite sur une modeste croix de
bois.

Un moment, nous gardons le silence. A genoux, je priais. Mes compagnons priaient avec moi, les regards fixés sur cette terre à jamais précieuse et sacrée. Chacun essuyait les larmes qui tombaient de ses yeux. On a beau être des héros, il y a des douleurs et des émotions qui font pleurer tous les hommes.

Après ce moment de religieux silence, après avoir approché ses lèvres de la colonne brisée, notre fier conducteur se releva et prononça ces paroles, les yeux fixés au tertre :

—« Avec vous, chers amis, j'aurais dû, j'aurais voulu mourir ! A votre sang généreux, je n'ai pu que mêler quelques gouttes du mien. Mais puisque je reste après vous, n'importe où je me trouverai, je parlerai de vous, parce que vous avez donné au monde un exemple des plus puissants pour créer des soldats. Vous avez montré jusqu'où pouvait aller l'amour du devoir, l'obéissance à la discipline et à des ordres reçus. On a l'habitude de ne voir sur les champs de bataille que l'expression des plus terribles colères. Des colères?.. Mais les combattants ne se connaissent pas. Ils ne peuvent avoir de haines personnelles. En présence pour s'entretuer, ils ne font qu'obéir à des lois posées par les peuples, sanctionnées par les nations. Ils représentent, jugent et vident les plus grands intérêts; intérêts supérieurs à tous ceux qu'ils pourraient concevoir pour eux-mêmes.

« L'un et l'autre parti croient avoir les raisons les plus légitimes, pour se battre et s'anéantir. Ou plutôt, plus ils obéiront, plus ils croiront avoir rempli le devoir le plus sacré et le plus sérieux ; résolus, après la bataille, de conserver à l'humanité tous ses droits.

« Amis, vous avez combattu, nous avons combattu le plus vaillant des combats. Puisque la mort n'a pas voulu mêler mes cendres à vos cendres, puisqu'elle m'a laissé, même après mes blessures, afin de lutter encore pour la gloire et les grandeurs de la France, amis, je vous le jure, je serai digne de vous. Nous allons quitter ces parages. Nous laisserons vos restes sacrés à des ennemis généreux, à des amis de demain, — nous l'espérons encore. C'est pour la dernière fois que je m'approche de vous. Adieu donc !.. et au revoir dans la patrie des martyrs, de tous ceux qui succombèrent justifiés devant Dieu pour avoir obéi aux grands principes du devoir, aux exigences de l'honneur ! »

Cette figure, en parlant, s'illuminait. Vous auriez dit d'une intelligence qui pénétrait le mystère si profond des grandes luttes fratricides. Nous pressâmes aussitôt la main du brave qui avait toute autorité, en effet, pour annoncer ce qu'il venait de dire avec tant de conviction. Et sans tarder plus longtemps, nous nous dirigeâmes vers les bâtiments de l'hacienda : nous en suivîmes toutes les parties ; et là, sans mot dire, sans l'interrompre un seul instant, nous écoutâmes le récit d'un combat qui avait duré près de dix heures, entre soixante-cinq des nôtres et deux mille ennemis.

J'avais déjà vu Camaron, en 1863. Je m'étais trouvé en présence de ces murs, dont la blancheur était encore rehaussée par la lumière d'un soleil de feu. J'avais vu ces chambres, ces vastes cours : aujourd'hui, des ruines. Les deux autres maisons, les cases indiennes, des ruines...

Quand donc, cruelle guerre ! cesseras-tu de promener ton fléau sur cette pauvre humanité ?... Quels sont

les avantages que tu créas ? Quels
ne sont pas les maux que tu pro-
cures ?

O guerre horrible, guerre néfaste
et nécessaire pourtant !

VI

Nous manifestons à notre héros, devenu cicérone, le désir d'aller jusqu'à *Palo-Verde*, point de départ de l'affaire de Camaron. Ce sera d'ailleurs une occasion de montrer des visages amis, au poste qui garde ces parages. Et, pour revenir à l'hacienda, nous suivrons la forêt que suivit notre belle Troisième. Seulement, nous ne ferons point ce que fit le capitaine, en quittant Camaron ; il divisa sa compagnie en deux sections, pour inspecter les bois, tandis qu'avec quelques hommes il formait le centre et suivait la route ordinaire. Nous n'avons rien à craindre d'ailleurs ; un poste veille à quelque distance.

Nous avons quitté le village, et nous nous sommes rendus sous le hangar où s'abritait le poste de *Palo-Verde*. J'avoue que c'est avec bonheur que je m'arrête sous ce toit de chaume auquel les arbres forment comme un autre toit, impénétrable aux rayons du soleil. Le « Bourguignon », comme disent nos soldats, commençait à taper dur sur la « coloquinte ».

Inutile, bien entendu, de parler du

gracieux accueil qui nous est fait par les officiers du poste. « Notre aumônier, disent-ils, notre aumônier de *Guanajuato*, de *Léon*, de *Jiquilpan* et des *Barrancas!*... Eh! que venez-vous faire ici, brave abbé, commis-voyageur du Père éternel? Vous venez nous porter votre absolution? Nous pouvons vous assurer qu'il n'y a guère moyen de commettre des péchés, dans ce désert. Nous y sommes à l'état de Trappistes!... — Est-ce que, par hasard, vous auriez pensé que nous avions si tôt besoin de nos feuilles de route? s'écrie un jeune lieutenant.

— Non, messieurs; c'est fini, pour le moment. Notre point de départ, ou si vous voulez notre dernière étape pour le paradis sera désormais en France, ou ailleurs si la France le demande. Pour le Mexique, c'est terminé. Déjà vous avez vu passer de nos colonnes, qui rentrent.

— Hélas ! oui...

Nous disons le but de notre excursion, qui est facilement compris.

— Ah ! vous faites le touriste, Monsieur l'aumônier. Or, les touristes mangent, comme le commun des mortels ; ils mangent même beaucoup. Vous allez déjeuner avec vos vieux camarades.

— Accepté ; mais, à une condition.

— Laquelle ?

— C'est que nos provisions feront partie du déjeuner.

— Tout de même. Qu'avez-vous donc ?

— Devinez... Nos chefs, qui ne veulent jamais, vous le savez, nous laisser partir sans biscuit...

— Du biscuit !... Mais nous en avons, et même trop.

— Oui, mais notre biscuit à nous est un... gogolote.

— Eh bien! vous avez de la chance, vous autres. Pour nous, en fait de gibier, par ici, nous n'avons que des perroquets. Et c'est dur !

— Nos popotiers, hier au soir, ont voulu nous faire une surprise, comme si nous devions partir pour aller déjeuner sur les bords de la Seine ou au Bois de Boulogne... Etienne : le dindon !

Et notre prévoyant popotier commence à déballer nos vivres qui sont accueillis, disons-le, avec le plus gracieux, le plus jubilant sourire ; ils vont, disons-le encore, contribuer à augmenter notre appétit, si tant est qu'il ne soit pas arrivé à son paroxysme.

Bientôt, onze heures... Et se trouver en présence d'un gogolote, qui vous vient tout rôti, à *Palo-Verde !*... On en fait des rapprochements et des comparaisons. On parle même de la nuée complaisante. A son défaut nous avions un toit de chaume ; un toit de verdure, en plus. La fontaine du voisinage, qui n'avait pas jailli sans doute sous la puissance d'une baguette mystérieuse mais uniquement et directement par le fait de la bonté de Dieu, pour les pauvres voyageurs, c'était tout de même une fontaine assez abondante, abritée par un massif de verduré. Elle venait de remplir les bidons.

La cantine de *Palo-Verde* possède un peu de vin, qui lui arrive parfois de *Vera-Cruz*. C'est ici, à cette étape, il m'en souvient, que, pour la première fois, nous cessâmes de faire usage du « bois tordu », comme dit le troupier, lorsque, de *Vera-Cruz*, nous montâmes dans l'intérieur. Près de cinq années, sans connaître ce précieux confortant!.. C'est long. Les relations entre la mer et *Passo*, tête de ligne de la voie ferrée, nous en procuraient depuis quelques semaines.

Comme on le trouvait bon ! Quel précieux breuvage, pour nos membres épuisés !

— Il faut avouer, dit le lieutenant, que vous avez apporté là un fameux casoar. Il ne manque plus que l'omelette topographique.

Je connaissais assez bien, du moins je le croyais, le dictionnaire de l'armée ; mais j'avoue que les deux expressions que je venais d'entendre étaient, pour moi, tout à fait neuves. Je prends mon carnet et j'écris, sous forme de notes.

— Qu'est-ce que vous écrivez là, aumônier ?

— J'ai la tocade des notes.

— Mais enfin, sans indiscrétion ?...

Et le lieutenant s'aperçoit que j'ai un plan au crayon, sur la page voisine.

— Vous faites de la topo, aumônier ?

— Mon lieutenant, je n'y suis plus... Casoar... omelette topographique... de la topo....!

— On voit bien que vous ne sortez pas de la *boîte*, et que vous n'avez pas eu le bonheur de connaître le *pékin de bahut*.

— Je suis à bout.

Enfin le lieutenant, qui était sorti de Saint-Cyr, daigna jeter la lumière sur cette manière de parler. Je comprends, ou je ne comprends pas. C'est égal.

— Vous avez fait le topo de Camaron? (Sans doute, il voulait dire le plan).

— Oui, lieutenant!

— Vous avez des intentions?

— Pour le moment, oui!

La conversation continuait. De temps en temps, je regardais du côté de la *Soledad*.

— Est-ce que vous craignez quelque chose, aumônier? disait le capitaine. Nous sommes en sûreté, ici. Nous avons des vedettes sur tous les points. Malheureusement, nous n'aurons pas un autre Camaron.

— Et surtout aujourd'hui! ajoute le lieutenant. L'aumônier serait là, pour signer les feuilles de route. J'ai toujours envié le sort de Danjou.

— Moi aussi. C'était mon grand ancien.

C'était mon grand ancien !... Encore un de Saint-Cyr, sans doute?... Je regarde de ce côté, par le fait d'un souvenir. Je tâche de savoir s'il existe encore une petite éminence, avec un arbre qui l'ombrageait jadis. C'est de là, à notre premier passage, que j'écrivis à mon brave père.

—Vous verrez bientôt votre père, aumônier, me disait-on.

Hélas ! non. J'étais à *Guadalajara*, lorsque j'appris sa mort. J'aime tout ce qui peut me parler de lui. Mon père, un vieux soldat du premier Empire, ah ! c'est lui, qui avait l'âme française ! Eût-il été heu-

reux de me voir, avec la croix d'honneur sur la poitrine ?

On est étonné, quand on y réfléchit, de voir le prix qu'on attache à
certains souvenirs. Si je vous disais
qu'après le déjeuner, je fis les deux
cents mètres qui me séparaient de cet
arbre ? Quelques instants, je restai
debout, près de lui.

Mais, vers deux heures, nous pre-
nions congé de nos hôtes. Nous
allions suivre l'itinéraire qu'avait
suivi le capitaine Danjou pour arriver à Camaron, c'est-à-dire la forêt
qui était sur notre droite. Autant de
gagné sur la grande chaleur.

VII

Je l'ai dit : nous attendions un immense convoi, dès longtemps annoncé, et qui se formait à la *Soledad*. On sait toutes les difficultés suscitées par les *guerilleros*, contre ces divers convois que jamais on ne pouvait tenir serrés, à cause du mauvais état des chemins. Qu'on se représente échelonnées sur trois ou quatre kilomètres, dans ces routes

impossibles où à chaque pas on trouvait des difficultés de terrain, des
fondrières, des ornières profondes ;
qu'on se représente deux ou trois
cents lourds chariots traînés par dix
ou douze mules, des fourgons, des
prolonges, cinq ou six cents mulets
de bât qui suivent chargés de toutes
sortes de provisions. Comment en
effet pouvoir établir une défense efficace, au travers de forêts, de montagnes, de ravins ou de larges
barrancas, au voisinage de profonds
abîmes, quelquefois au milieu de
tourbillons de poussière qui vous
empêchent de voir à dix pas, devant
vous et autour de vous ?

Plusieurs de ces vastes convois
avaient été attaqués. Mais celui-ci,

avec ses millions, avec sa grosse
artillerie pour en finir du siège de
Puébla, celui-ci devait rester en
route et tomber entre les mains de
l'ennemi qui, voulant en venir à bout,
avait, cette fois, rassemblé une force
considérable : un millier de cavaliers
environ, et autant de fantassins. Il
fallait réussir, à tout prix. Sans doute
on s'était souvent élancé contre cette
traînée de lourds chariots, de voi-
tures; mais rarement on était maître
de ceux qui les défendaient à ou-
trance, et toujours en nombre bien
inférieur. Cette fois, le colonel Millan
avait promis au général Ortéga de
tout enlever. L'intrépide défenseur
de *Puébla* n'aurait pas à entendre la
formidable voix de nos grosses

pièces retirées de nos vaisseaux, et son trésor épuisé serait enrichi à nos dépens.

Les hommes de Millan étaient campés sur les rives de la *Joya*, à huit kilomètres de la route que suivaient nos colonnes, derrière des ravins et des forêts qu'ils connaissaient à fond. Cette connaissance des lieux donne au Mexicain une habileté hors ligne, pour cacher ses mouvements, pour lancer ses éclaireurs à droite et à gauche, malgré les difficultés du terrain, ou plutôt à cause de ces difficultés qui n'en sont plus pour lui.

Le *Chiquihuite*, ainsi que je l'ai dit, est une montagne boisée qui fait partie de ces pentes, de ces hauteurs, séparant les Terres-Chaudes des

Terres-Tempérées ; il se trouve sur la route de *Vera-Cruz* à *Cordova*. Là était établi le brave colonel Jeannin-gros, avec quelques compagnies de son régiment étranger. Les autres compagnies étaient échelonnées, de la *Soledad* à la mer, c'est-à-dire jusqu'à la *Vera-Cruz*.

Dans ces mêmes Terres-Chaudes, à *Passo-del-Macho*, en avant du *Chiquihuite*, une compagnie de grenadiers est commandée par un de ces soldats pour lesquels on peut sûrement présager un brillant avenir : le capitaine Saussier.

C'est le *Chiquihuite* qui fournira une compagnie, pour aller éclairer la route que devait suivre le grand convoi. En effet, dans la nuit du

30 avril, le colonel Jeanningros donne l'ordre à la 3ᶜ compagnie du Iᵉʳ bataillon de se tenir prête à partir, sous le commandement du capitaine Danjou. Elle est en marche, à une heure du matin, afin de se rendre à *Palo-Verde* et, de là, explorer les environs à une lieue à la ronde.

Palo-Verde est à vingt-quatre kilomètres du *Chiquihuite*.

Le capitaine, adjudant-major Danjou marche à la tête de 62 hommes, des sous-lieutenants Villain et Maudet. Ce dernier était porte-drapeau du régiment; il remplaçait le lieutenant de la compagnie, resté malade au *Chiquihuite*.

Presque tous les sous-officiers sont d'origine française.

Quelle journée pour vous, mes enfants! et, disons-le, pour les fastes militaires d'un peuple, quelle page vous allez tracer dans l'histoire! En est-il une autre, qui lui ressemble?

Vous marchez, alertes et décidés. Mais, si vous pouviez prévoir quelle serait encore votre allure, j'en suis sûr, il y aurait des chants partant de vos poitrines. Les échos les porteraient par delà les forêts, les ravins où veillent vos ennemis, comme pour les terrifier davantage: « Ce sont des Français! diraient-ils. Ne sont-ils pas déjà certains de la victoire? Immanquablement ils nous savent ici, et... ils chantent! »

N'ai-je pas entendu, en pleine nuit, alors que nous courions après l'ennemi, n'ai-je pas entendu, après une pause, la fanfare des zouaves jouer sa belle marche? Et je disais au colonel Martin, qui commandait la colonne : « Mais, mon colonel... l'ennemi? — L'ennemi?... Avant tout, il faut enlever ses hommes. »

Oh! ces Français!..

Partez donc, mes enfants, et couvrez-vous de gloire. Quittez les ombrages du *Chiquihuite*, pour courir sous les brûlants et lourds soleils de la plaine. Et d'abord suivez-la, cette plaine si vaste, qui part de la montagne et qui tout à coup se trouve interrompue par le torrent de *Passo-del-Macho*.

La nuit est sombre.

Il y aura dix-huit mois bientôt, un

grand feu éclairait ces parages déserts. Ce n'était pas un incendie allumé par la guerre, la haine
ou la vengeance, non ; c'était un feu
de joie!... Et tout autour dansaient
vos camarades. Comment donc?..

C'était la Saint-Martin.

Les zouaves avaient voulu fêter
leur brave lieutenant-colonel. Ils
n'avaient à lui offrir qu'un feu de
joie et un immense bouquet, com-
posé avec les fleurs si extraordinaires des Terres-Chaudes. La forêt
voisine avait fourni tout le bois qu'on
lui avait demandé.

Allez, braves soldats! Et prenez
garde aux ornières profondes, à ce
terrain raviné par des pluies torrentielles.

Et la Troisième avançait.

En écoutant bien, on entendait dans ses rangs à peu près toutes les langues de l'ancien-monde : l'espagnol, l'italien, l'allemand, le français et d'autres encore. Mais, pour ce qui était du cœur, c'étaient les mêmes battements. Tout pour un seul et même drapeau, tout pour la même discipline et pour la même gloire.

Je les ai vus à l'œuvre, je les ai vus dans le danger, ces fiers enfants façonnés sur la terre d'Afrique. Quelle union et quelle solidarité réciproque ! Quelle bravoure et quel courage ; et, s'il est possible de s'exprimer ainsi, quel amour des uns pour les autres, et pour tous à la fois! L'un, disaient-ils, ne devait pas plus mourir que l'autre. Comprenez-vous le sens de cette parole? Bientôt, du reste, vous en aurez toute l'explication.

VIII

Qu'il devait être fier de son régiment, le brave Jeanningros !

La compagnie, après un heure de marche, arrive au bord de la barranca de *Cotastla*. Elle la traverse sur un pont d'une seule arche, bâti par les Espagnols. Et la voici à *Passo-del-Macho*.

Que de fois, pendant mon séjour dans cette localité, suis-je descendu dans les profondeurs de ce torrent pour jouir de l'aspect de ses sinuosités, si pittoresques et si imprévues ! Et ces rochers énormes, qui s'avancent sur votre tête !... Et ces lianes, qui montent, qui descendent, pour remonter encore !... Et cette verdure, interrompue tout à coup, et qui tranche si bien avec l'aridité de la plaine !...

Si vous aimez l'extraordinaire, les surprises de la nature, allez dans le Nouveau-Monde, au Mexique en particulier.

J'ai parlé ailleurs de cette tour unique, dans cette vaste plaine si déserte, bâtie au bord du torrent. La première fois que je la vis, elle m'offrit un aspect étrange. Elle était dominée par un Turco, à l'uniforme bleu, à la figure d'un noir d'ébène, à la ceinture rouge, sur un ciel sans nuages. Sa baïonnette scintillait aux rayons du soleil. Une pensée m'est venue : lorsque l'Espagne élevait ce monument, elle était loin de présumer qu'un jour il serait dominé par un enfant de Mahomet.

Le Turco fièrement plongeait ses regards sur l'étendue de la vaste plaine, prêt à signaler dans le lointain l'apparition d'un ennemi quelconque.

Danjou s'arrête à peine, à *Passo-del-Macho*. Il a hâte de savoir ce qui se passe, en avant de ce poste et à moitié chemin de la *Soledad* environ. La consigne était de précipiter le pas et de sauver le convoi, n'importe par quel moyen. Une poignée de main à Saussier et aux autres camarades ; voilà tout, pour le moment. On reverra plus tard les grenadiers de *Passo*, après avoir sauvé sans nul doute les trois millions et les grosses pièces d'artillerie.

Le capitaine Saussier, cependant, voyant le peu de fusils dont pouvait disposer le capitaine Danjou, lui offrit une section de ses braves grenadiers. Le commandant de la 3ᵉ, comptant sur la bravoure et l'énergie de tous ses hommes qu'il connaissait à fond, remercia et partit, accompagné de deux mulets portant les provisions. Il quittait *Passo*, vers deux heures du matin.

IX

Le 30 avril 1863, 2 heures de la nuit.

Suivons du regard la 3e du 1er, dans ces chemins plus difficiles encore au milieu des ténèbres, au travers des forêts quelquefois, et descendant comme dans des ravins qui, à cette heure, ressemblent à des abîmes.

Il n'y a que ceux qui sont venus au Mexique, qui peuvent se faire une idée, je ne dis pas des routes, mais du terrain sur lequel il faut avancer. Moi, qui ai fait de ces marches de nuit, tantôt dans une plaine marécageuse, tantôt au milieu de soulèvements volcaniques, c'est-à-dire parmi des pierres qui glissent sous vos pas ou sur lesquelles vous glissez vous-même, au travers de montagnes ou de profondes forêts, je me représente facilement la compagnie de Danjou au milieu des ténèbres, d'autant plus épaisses, ce semble, que le jour a été plus intense sous un soleil tropical. Au reste, rien qui vous habitue, dans ces régions, à la transition de la lumière à l'obscurité. Cette transition est subite, pour ainsi dire. Pas de crépuscule. L'aurore, non plus, ne saurait que faire. Elle n'aurait pas même l'occupation si simple d'ouvrir « les portes du matin ». Vous pourrez vous en convaincre, dans trois ou quatre heures, quand le jour et la nuit vous arriveront, presque tout à coup. C'est ce qui faisait dire souvent à mon soldat : — « Quel pays! » Je l'ai vu maugréer, mais d'une façon très sérieuse, le soir, lorsque nous arrivions tard à l'étape et qu'il n'avait pas terminé ses affaires, surtout lorsqu'il avait sa marmite sur le feu : — « Allons! murmurait-il, qu'est-ce qu'ils veulent maintenant? Je ne peux même voir s'il y a des yeux sur mon bouillon. »

Je reviens à la Compagnie de Danjou. Je disais que je la voyais, marchant au milieu des ténèbres et serrée autant que possible. On en comprend le motif. Surtout, pas de murmures.

Elle avance. Elle avance toujours. Plus de forêts, plus de taillis, ni à droite, ni à gauche. On se croirait dans l'immensité. Les balles vont-elles faire entendre leur sifflement, ayant fait voir à l'horizon cet éclair produit par la poudre qui brûle?

Rien. Le silence.

Représentez-vous cette petite colonne serpentant, c'est le mot, sous un ciel si profond et dont les étoiles offrent un aspect qu'elles n'ont pas ailleurs. Dès lors, suivez-la jusqu'au jour, jusqu'au soir de ce jour.

De temps en temps, la pause réglementaire.

Il est quatre heures. Les ténèbres encore.

.   .   .   .

Au levant, une ligne blanche qui rapidement s'élargit. Elle monte. C'est le jour.

Le soleil va paraître.

Le voici dans toute sa splendeur.

Que de fois, du *Cerro-de-San-Juan*, pendant le siège, suis-je sorti de ma tente pour contempler cette ravissante apparition, toujours annoncée par une teinte rose sur les neiges du *Popocatepelt!* C'est bien ici qu'on peut dire : *Surrexit ut gigas, ad currendam viam.*

Rapidement, il fait ses premiers

pas dans l'espace. Peu à peu il semble ralentir sa course, comme pour prodiguer plus à l'aise et plus largement ses bienfaits sur tous les points de son empire.

Ses bienfaits, ses trésors !... C'est bien ce que me disaient, un jour, des Indiens occupés dans leur champ. Aux premières heures d'un beau matin du mois de mars, nous suivions la riche plaine qui, de *San-Martino* et de *Cholula*, va finir au pied du *Rio-Frio*, une des premières assises du volcan le plus élevé du Nouveau-Monde : le *Rio-Frio*, ces hauteurs d'où Fernand Cortès, tout à coup dans l'extase de l'admiration, se trouva en présence de l'immense vallée à l'extrémité de laquelle s'étalait, au milieu des eaux et sous des torrents de lumière, la splendide cité de *Montézuma*.

Je marchais recueilli sur le flanc de la colonne, récitant ces douces prières qui commencent heureusement la journée et qui préparent le cœur à tout ce que Dieu en voudra faire. Le soleil apparaît, avec cette majesté, cette ampleur que vous reconnaissez tout d'abord à son disque de feu. Aussitôt, sur ma droite, à quelques pas, je vois des Indiens se prosterner à genoux, le front tourné du côté de l'astre du jour. Ils prient dans le recueillement, malgré tout le bruit d'une colonne en marche. Je m'approche, et la pensée me vient de leur demander s'ils adorent le soleil.

— « Non, padre ! me disent-ils avec leur voix douce et harmonieuse ; mais chaque fois qu'apparaît le grand ouvrier, le grand travailleur de Dieu, nous adorons et nous remercions Celui qui nous l'envoie. »

Le soleil, le grand travailleur de Dieu !...

X

La chaleur commence, et son inten-
sité ne tardera pas à se faire sentir.
On l'aura, jusqu'au moment où le soleil s'en ira terminer sa course radieuse par delà les neiges de l'*Is-
tatchivalt*.

La 3ᵉ du 1ᵉʳ approche du village
de *Camaron*, tout délabré et sans
aucun habitant.

.   .   .   .

Enfin la voilà en présence de ces vastes bâtiments qui servaient d'*hacienda*, ou d'hôtel, aux *arrieros* du commerce et aux diligences allant de *Vera-Cruz* à *Mexico*. Un point d'arrêt, au milieu de ces vastes plaines désertes, de ces solitudes où autrefois j'avais vu courir quelques troupeaux de bœufs. Autrefois aussi les *arrieros* de passage y donnaient des fêtes. Les joueurs également ne manquaient pas de s'y rendre.

Maintenant ces murs servent d'abri, tout au plus pour la halte du déjeuner de nos colonnes, ou pour quelques guérilleros qui se hasardent à sortir de la forêt et à inspecter la route. Ah! si un tourbillon de poussière apparaît dans le lointain, croyez qu'ils sont rapides, ces indigènes, à revenir sur quelque hauteur et, de là, à s'assurer quels peuvent être ceux qui approchent, amis ou ennemis. Il est étonnant de rapidité, le Mexicain, sur son petit cheval qu'il manie à son gré, qu'il enlève, qu'il presse, en lui communiquant toute sa volonté, — on le dirait du moins.

Je le vois, ce bâtiment, avec son titre d'*Hacienda de Camaron*, le seul solidement édifié ; je le vois, avec son rez-de-chaussée et son premier étage, avec son toit de tuiles rouges comme les maisons d'*Orizaba*. Placé sur la droite de la route en venant de *Mexico*, il se compose d'une cour carrée, de cinquante mètres environ sur chaque face. Celle qui borde la

route forme un corps d'habitation,
qui se divise en plusieurs chambres
et qui va de l'est à l'ouest, en regardant le nord. La cour (ce qu'en
mexicain on appelle *corral*), est close
par un mur assez épais de trois mètres de hauteur environ. C'était dans
cette cour, entourée de plusieurs hangars, presque tous en ruines maintenant, que les *arrieros* enfermaient
leurs chariots et leurs *muladas*, lorsqu'ils devaient s'arrêter à Camaron.
Ils y entraient par deux larges portes,
situées à l'ouest.

Parmi les hangars dont j'ai parlé,
il y en avait deux, à gauche de l'entrée
qui est la plus éloignée de la route.
Ils pouvaient, au besoin, servir pour
s'abriter contre une attaque. Le pre-

mier était presque intact et fermé
par des planches. Le second, situé
dans l'angle sud-ouest du *corral*,
n'avait plus que quelques pièces de
bois, appuyées sur un mur en briques
et soutenant un toit de chaume. En
face, dans l'angle sud-est, étaient les
restes d'un autre hangar, c'est-à-
dire le mur en briques sur lequel autrefois s'appuyait la charpente.

J'ai tout vu, tout examiné, pour
avoir bien gravée dans mon souvenir
la topographie de ces lieux. Vous-
même, n'oubliez aucun de ces détails. Il en est d'autres encore, que
j'oubliais. A l'endroit même où se
trouvait le troisième hangar dont j'ai
fait mention, il y avait une brèche,

mais très étroite. Un seul homme pouvait y passer, à la fois.

En face du corps de logis de l'*hacienda* et du côté nord de la route, gisaient deux maisons inhabitables et, çà et là, une dizaine de cases indiennes, formées de quelques pieux et d'un toit de chaume effondré.

...Des ruines, le désert : tels seront les témoins du plus beau, du plus pur héroïsme des soldats de la France, alors qu'il faudrait comme autrefois l'admiration de quarante siècles !

XI

Danjou s'est arrêté quelques instants à Camaron. Il veut s'assurer si, même au milieu de ces débris et de ces ruines, il n'y aurait pas un ennemi caché.

Un silence de mort. Pas une lance, pas un fusil mexicains.

Il a commandé : « — En avant ! »

Il a déjà dépassé le village.

Immanquablement le génie du soldat lui fait soupçonner que l'ennemi, ou à droite ou à gauche, est au courant, par ses éclaireurs, de la marche des légionnaires. Mais se doute-t-il qu'à quelques kilomètres, tirant sur *Jalapa*, était campé, sous les ordres du colonel Millan, un corps de troupes juaristes de 1,200 fantassins environ et de 800 cavaliers? Il savait qu'on en voulait au convoi, au-devant duquel on l'avait envoyé pour éclairer la route. Savait-il aussi bien le nombre de ceux qui avaient décidé, arrêté d'enlever ce convoi?

Non. Mais ce qu'il connaissait d'une manière certaine, c'était la bravoure de ses hommes. Toutefois, il se tenait prêt à tout événement. Voilà pourquoi, au sortir du village et à cause des parages dans lesquels il entrait, il prit plus que jamais toutes ses précautions. Resté au centre avec une partie de ses soldats, il plaça les autres en éclaireurs à droite et à gauche. On fouillait les taillis, la lisière des bois, chaque pli de terrain.

Le soleil radieux continue à monter dans le ciel. Déjà il fait ressentir sa chaleur. Il est sept heures environ, et la compagnie de Danjou arrive à *Palo-Verde*. On fera halte... Il était temps. On venait de courir plus de vingt kilomètres.

On prendra le café..

Toutes les dispositions sont arrêtées pour se garder d'un coup de main, de la part d'un ennemi qui apparaissait subitement et nombreux, comme s'il sortait de terre. Le pays lui est si bien connu !

Les sentinelles sont à leur poste.

Les gamelles sont sur le feu.

Vous, qui avez parcouru le Mexique, vous souvient-il de ces colonnes de poussière qui s'élèvent peu à peu, montent arrondies, grandissent et grandissent toujours, et s'avancent emportées par des courants atmosphériques jusqu'à une distance où les regards ne peuvent plus les suivre ?... Vous en voyez une, vous en voyez deux, plusieurs autres encore, qui se poursuivent comme des géants sans pouvoir s'atteindre jamais. Elles ont une forme, celle que j'ai dépeinte. Dès lors, elles ne vous annoncent plus rien. Le vent seul les avait soulevées.

Mais ces nuages de poussière qui s'étendent, s'élargissent, deviennent plus épais... Oh ! ceux-là sont provoqués par une toute autre cause. Même avec l'expérience pourra-t-on savoir s'ils sont soulevés, ou par les pieds des chevaux, ou par un certain nombre d'hommes qui marchent ensemble, qui avancent ou qui veulent vous éviter ?

Voilà pourquoi les vedettes de la clairière de *Palo-Verde* signalent de gros tourbillons de poussière, du côté de Camaron. Ce ne peut être que de la cavalerie mexicaine.

En effet, c'était le colonel Millan avec ses mille cavaliers, campés aux bords de la Joya et prêts à s'élancer sur le fameux convoi, qui s'avançait du côté de *Vera-Cruz*. Ses éclaireurs, qui effleuraient nos avant-postes sans être jamais découverts, l'avaient averti de notre marche. A tout prix, il fallait nous anéantir. La chose était facile : nous étions si peu nombreux !

Facile ?... C'était la pensée des Mexicains. Ce n'était pas celle des Français.

Le cri : — « Aux armes ! » se fait entendre.

Aux armes !... L'ennemi !...

Assez souvent, j'ai entendu ce cri. Il ne ressemble à aucun autre. Ce qu'il renferme, ce qu'il annonce, aucun autre ne l'annonce et ne le renferme. Aux armes !... C'est l'électricité, qui met en jeu tous vos membres, qui préside à tous vos mouvements.

Aux armes!... l'ennemi! ..

Et, en cinq minutes, ceux qui s'étaient couchés pour dormir, ceux qui étaient allés à l'eau et au bois, ceux qui faisaient la soupe et le café, en cinq minutes, moins peut-être,.. tout ce monde est sous les armes et attend. Naturellement, comme dit le soldat, on a donné un coup de pied à la marmite.

L'ennemi voit qu'il a manqué son coup. Il croyait nous surprendre. Il ne pensait pas à cette pile voltaïque qui est, pour ainsi dire, dans la giberne de chacun de nos soldats, à côté du bâton de maréchal de France, et qui lui imprime ce mouvement qui tout à l'heure se changera en *furia francese*.

Il a disparu!.. Mais que va-t-il faire? Ne va-t-il pas nous surprendre, d'une autre façon?

On le verra bien. Pourquoi se gêner, lorsque l'espace est à tout le monde?

De même que l'ennemi fait ses combinaisons, pourquoi le petit nombre ne les ferait-il pas? Il est des précautions qui augmentent les forces, en leur donnant certaines manières d'être bien employées. En rase campagne, on verrait tous nos mouvements; il faut les dissimuler, en se jetant dans la forêt qui est à droite.

Là encore, on pourra mieux se défendre contre des cavaliers.

Cette forêt est immense. Elle s'étend jusqu'à la *Joya*. Millan l'avait suivie, pour venir nous barrer le chemin. Il l'avait quittée un peu avant le village de Camaron, longeant des sentiers qui lui étaient connus. Mais, s'il veut rentrer dans les bois, afin de nous y poursuivre, pour lui, que de difficultés au milieu de ces forêts vierges, si l'on peut ainsi dire ! De grands arbres, des lianes qui descendent et montent mille fois, des herbes d'une hauteur qui ne se voit que dans ces parages, au milieu de flaques d'eau et de terrains marécageux...

Sans être aperçu, on pourra tirer sur la cavalerie. Si nous rencontrons quelques sentiers, ils seront si étroits qu'un homme seul pourra les suivre.

Danjou, toujours avec son génie de stratégiste, avait divisé sa troupe en deux sections à demi-distance. En avant marchaient les tirailleurs, l'oreille tendue, le regard plongeant dans les ténèbres de la forêt. La Troisième avançait. De l'ennemi, nulle trace. On n'était plus qu'à une faible distance de la *Joya*, aux rivages escarpés et présentant tout l'aspect d'un torrent difficile à franchir. Ne se rapprocherait-on pas trop de l'ennemi ? N'y aurait-il pas quelque ambuscade, dans les sinuosités du torrent ?

Le capitaine s'arrête, réfléchit et

renonce à rester plus longtemps dans les ténèbres de la forêt.

— « Mes enfants ! dit-il, revenons sur l'*hacienda*. Là, nous amuserons l'ennemi. Il sera détourné de ses projets, tout au moins il sera retardé. En attendant, qui sait... ! »

Danjou était tellement aimé de ses soldats, qu'il avait sur eux tout l'ascendant qu'un chef doit posséder. Au reste, ils avaient en son génie la plus entière confiance. Il avait parlé. Il était obéi.

On revient vers le village. A peine est-on sur la route, qu'une balle part de l'une des maisons et blesse un de nos soldats. Au pas de course, on arrive à l'entrée du village qu'on tourne, en se partageant en deux sections. On se rejoint à l'autre extrémité, c'est-à-dire à l'ouest. On ne voit pas un seul Mexicain. Ils étaient allés au sud de l'*hacienda*, derrière des taillis.

On s'arrête pendant que quelques hommes inspectent les cases et les maisons. Rien ne révèle la présence de l'ennemi ; mais il ne doit pas être bien éloigné.

Et pas un être vivant, pas un Indien, qui puisse renseigner Danjou ? Il n'a, pour se diriger, que ses appréciations personnelles.

D'après lui, l'ennemi doit être très nombreux.

Après une halte d'un quart d'heure environ, la petite colonne se remet en marche, toujours sur le qui-vive, et organisée comme des hommes qui n'attendent que le moment de la lutte. Tout à coup, sur une éminence, au sud de la route, apparaissent les cavaliers de Millan, se disposant à pousser une charge.

Est-ce l'heure, ô mon Dieu ! où cette masse va, comme un lourd fléau, renverser et broyer notre poignée de braves ? Non, vous les garderez pour de plus grandes œuvres. Vous allez les couvrir de gloire, en les entourant de l'auréole des martyrs de l'honneur et de la patrie !

Millan avait bien choisi la place, pour fondre sur les Français. Il était sur une éminence, et les Français étaient en plaine. Danjou rallie aussitôt tous ses hommes et fait former le carré, avec ordre de ne tirer que lorsqu'il en donnera le signal.

L'ennemi s'avance lentement.

Avez-vous jamais été à un de ces moments solennels ? J'y fus souvent, pour ma part, dans ma vie militaire, et je vous avoue qu'il me serait bien difficile de dire ce qui se passait alors en moi. Toute la vie, j'aurai présents deux cents chasseurs d'A-frique, dans les plaines de *Cholula*, attendant le choc de quatre mille cavaliers mexicains!.. Mais nous sommes à Camaron, pour le moment.

L'ennemi n'est déjà plus qu'à une faible distance du carré. Il s'élance soudain.

— « Feu!.. » crie Danjou, au mo-ment où les sabres mexicains allaient

toucher les baïonnettes françaises, où
tout allait plier comme sous la puissance d'un terrible ouragan.

La tempête semble virer de bord.
Sous l'épouvantable décharge de nos
braves, les cavaliers et les chevaux
tombent à terre : désordre le plus
complet d'êtres vivants, qui veulent
éviter la mort. Danjou fait continuer
le feu. Le désordre augmente parmi
les cavaliers de Millan, et on les voit
se replier à la hâte.

— « C'est là, nous dit notre narrateur, les yeux étincelants comme il
devait les avoir alors, c'est là,
dans cette partie découverte, que
soixante hommes ont vu fondre sur
eux, comme une avalanche, sept ou
huit cents chevaux. Encore quel-

quès pas, et ils étaient broyés. Mais quelle puissance, de ne plus craindre la mort ! Dans ce mépris, quelle force ; et comme l'homme se trouve grand, alors ! Quinze, qui veulent vous tuer !... Un seul, qui leur résiste !.. »

Je vous le dis, en prononçant ces paroles, de ses yeux ce brave jetait des flammes ; les mêmes qui durent briller, dans les siens et dans ceux de ses camarades, à ce moment suprême. Elles devaient, sur l'ennemi, faire autant que des balles.

Comprenez-vous que le lion du désert, attaqué par de nombreux chasseurs, devienne d'autant plus furieux et puissant ?

XII

Après cette première charge, Danjou se porte sur un petit talus, à gauche de la route, pour attendre la seconde qui devient immanquable. De nouveau, il forme le carré, forteresse vivante, sur un point culminant, pour mieux concentrer là tous les efforts d'un siège. Que ce point n'est-il plus haut encore, le plus élevé du monde, pour que les armées voient comment va s'y défendre une poignée de braves !

Les cavaliers reparaissent et s'élancent mais, cette fois, moins serrés, moins nombreux aussi et avec moins d'ensemble. Je le crois bien, on les avait terrifiés. La seconde charge est repoussée, comme la première. Après les balles qui ont sifflé, ce sont les baïonnettes qui flamboient au soleil. Mais ce n'est pas en vain, qu'on affrontera cette muraille d'acier. Les cavaliers de Millan ont de nouveau fait demi-tour, laissant encore nombre des leurs sur le terrain.

Danjou alors jette un regard sur la forêt, qui est à sa gauche et qu'il avait quittée une première fois. S'y porter de nouveau, au pas de course ; on aura grande chance d'y être sauvé. Les cavaliers ne pourront pénétrer dans ces profondeurs, et on aura des balles pour ceux qui auront l'audace de se présenter à la lisière.

Mais on est déjà tourné, sur le nord-ouest, par une partie de la cavalerie mexicaine.

Cette première intention de Danjou est abandonnée. Il lui en vient une seconde. Ce sont de ces éclairs qui passent sur l'intelligence des chefs d'armée voulant une victoire, ou tout au moins donner le change, ainsi que je l'ai dit, aux projets de l'ennemi. On avait retardé le colonel mexicain, dans l'exécution de son plan contre le convoi ; on le retarderait mieux encore.

L'hacienda n'est guère à plus de deux cents mètres. Pourquoi ne point s'y jeter, pour s'y défendre jusqu'à l'arrivée probable d'un secours? Le capitaine Saussier finira par avoir connaissance de l'engagement de Camaron. Il arrivera avec ses grenadiers.

Que faut-il pour, en un clin d'œil, se trouver derrière ces murs? Ce qu'il faut? En opérer l'assaut, avec la même audace, avec la même intrépidité devant la mort.

De son épée Danjou montre l'hacienda : — « En avant!... s'est-il écrié, et vive l'Empereur!... »

Toutes ces poitrines jettent le même cri qui traverse la plaine et revient, répété par les échos de la forêt. — « Vive la France !... vive l'Empereur !... » paroles magiques, qui enlèvent des armées. Je les ai entendues à Magenta ; on en connaît les conséquences. Je les ai entendues à *Puebla*, alors qu'un brave capitaine voulait, un fanion à la main, entraîner ses soldats sur le premier redan du formidable Pénitencier.

— « Vive l'Empereur ! » Et à ce cri la Troisième s'élance aussi et se fait jour, à travers la cavalerie terrifiée par les éclairs de nos baïonnettes et la furie de notre course. Elle s'enfuit dans le plus grand désordre. Danjou et ses hommes pénètrent dans l'hôtellerie et dans la cour par toutes les issues. Mais l'ennemi?.. On ne le voit plus. Il a fui vers le sud, terrifié, je l'ai dit, par la course tempêtueuse d'hommes qui ne placent leur salut que dans le paroxysme du courage et d'une défense désespérée.

Il a fui...

Nous sommes sur le principal théâtre de ce drame incomparable. Placés avec notre narrateur sous un des hangars qui, pour nous garantir des feux du soleil, semblait avoir voulu conserver encore une partie de son toit de chaume, nous écoutons ce récit, sans perdre une parole. C'est bien de nous qu'on aurait pu dire : *intentique ora tenebant.*

Dans le *corral*, dans la maison,

nous voyons encore toutes les ruines
provoquées par cette lutte terrible.
Seules, les larges taches de sang
avaient disparu, sous la puissance des
pluies torrentielles des tropiques.

XIII

Une fois dans l'*hacienda*, on s'em-
presse, avec tout ce qui tombe sous
la main, je ne dis pas de barricader
mais de clore jusqu'à un certain
point les deux grandes portes qui
donnent sur la cour, du côté de
l'ouest. C'est dans cette cour et dans
la chambre du nord-ouest, que Danjou
arrête de concentrer la résistance.
S'installer dans toute la maison

devient impossible, vu le petit nombre des défenseurs et, aussi, l'irruption subite des Mexicains.

Dix heures !.. Est-ce bien l'heure, ô mon Dieu, qui verra tomber tous ces braves enfants ?... Ou bien, est-ce l'heure où va surgir, pour la France, une de ces auréoles qui doivent à tout jamais illustrer ses plus fiers bataillons?.. Donnez, Seigneur ! donnez à ces nobles ouvriers de nos gloires la force et l'énergie, qui rendent victorieuses les âmes et les épées.

L'ennemi reparaît. Une partie des cavaliers a dû laisser ses chevaux. Ils envahissent les deux chambres laissées libres du rez-de-chaussée, et ils ne permettent plus dès lors de monter au premier étage.

Les deux grandes portes de la cour sont gardées, chacune par une escouade. Une autre garde la brèche, dans l'angle du sud-est ; cette brèche, dont j'ai parlé, par laquelle un seul homme pouvait entrer à la fois, et qui était derrière les ruines d'un reste de hangar. Deux escouades sont dans la chambre restée libre. Les deux autres hangars, dont l'un à moitié détruit et l'autre à peu près intact, serviront en temps utile.

Quelques hommes montés sur les toits ont pour mission de surveiller les mouvements de l'ennemi, d'en donner le bulletin à chaque instant, pour ainsi dire. Un regard d'aigle fut-il plus pénétrant que le regard du sergent Morzicki, du haut de son observatoire ?

Quel stratégiste, ce capitaine Danjou ! Il eût fait dans ce sens des prodiges, avec une armée de dix mille soldats. Il a placé le reste de ses hommes contre le mur occidental de la cour, juste entre les deux grandes entrées. Ils sont là, comme réserve. Ils verront tout ce qui se passera aux quatre angles du *corral* et, d'un bond, ils seront au secours de leurs camarades.

Mais quelles seront les forces physiques de ces hommes, qui n'ont pris aucun aliment depuis la veille, qui n'ont bu qu'un peu d'eau, le matin ? Quel ennemi, la soif, sous un soleil qui vous brûle et sous la puis-

sance de cette fièvre des combats !
Le soleil de mai dans ces parages est
affreux, même dès le matin. Enfin,
il faut se battre,... et qui sait combien d'heures ?

Danjou et ses hommes attendaient
dans leur forteresse improvisée et,
disons-le, ouverte à peu près de partout. On attendait ; car on comptait
pour rien ces coups de feu, tirés iso-
lément, à certains intervalles.

Il faut le reconnaître, l'héroïsme
inspire le respect. Il peut y avoir
comme une honte, pour un plus fort
qui vous attaque ; surtout lorsque le
plus fort est un honnête homme,
comme fut Millan, poli, élevé, se
battant dignement en colonel mexicain, qui défendait son pays après

tout. Millan était licencié. Il apparte-
nait à cette classe qui possède la
science, au Mexique, et que j'ai eu
souvent l'occasion d'apprécier. Bien
qu'il se battît avec conviction pour
l'indépendance de sa patrie, il avait
de l'admiration pour des ennemis qui
savaient si bien se faire tuer afin de
remplir un devoir et sauver l'honneur
de leur drapeau. Il dut hésiter, à
commencer l'attaque contre de braves
gens qui n'avaient sûrement aucune
chance de salut... Voilà pourquoi
un de ses officiers fait un signe
de parlementaire au sergent qu'on
avait aperçu sur le toit, s'approche
du mur et le somme, au nom de son
colonel, de dire à notre capitaine
qu'il n'a plus qu'à se rendre. Pourquoi

ferait-il inutilement massacrer ses hommes ? « Vous avez assez prouvé, ajoute-t-il, ce dont vous êtes capables. Il est des défaites auxquelles il faut se résigner. Rendez-vous : vous aurez la vie sauve. »

Le sergent descend de son observatoire et va transmettre ces paroles au capitaine. « J'entends encore la réponse de Danjou, dit notre narrateur. Elle fut calme, comme la réponse d'un homme qui envisage toute la solennité de la position ; mais elle fut énergique, sans forfanterie :

— « Dites que nous avons des cartouches. On nous aura seulement quand on nous aura tués tous ! »

Et Danjou, portant sur ses hommes son regard intelligent, relevant sa noble tête, ce front où tout était énergie mêlée au calme et à la douceur, leur crie de se défendre jusqu'à la dernière extrémité.

Et tous de lui répondre :

— « Capitaine, jusqu'à la mort ! Nous en faisons le serment. »

Danjou, adoré de ses soldats, savait qu'il serait obéi. Il les connaissait tous, comme tous connaissaient sa valeur et son indomptable courage.

Morziki a rapporté au jeune parlementaire la réponse de son capitaine. Il ne s'agissait plus que de recommander son âme à Dieu. « C'est ce que je fis, ajoute notre guide. J'étais là, tout près, au pied de ce mur, avec le capitaine. »

Le feu commence, sur tous les points à la fois, par les ouvertures de la maison donnant sur la cour, au travers des planchers et des madriers entassés contre les grandes portes. Mais, malheur à tous ceux qui apparaissent ! Chacune de nos balles doit faire une victime ; pourtant, avec une attaque vigoureuse et d'ensemble, les ennemis auraient pu nous écraser en quelques minutes.

Ces deux chambres de là-bas étaient pleines de Mexicains. D'autres étaient montés à l'étage supérieur. Ils pratiquaient des meurtrières aux murs et aux plafonds, pendant que, du dehors, par les ouvertures qui donnaient sur la route, leurs soldats cherchaient à s'emparer de la chambre occupée par nos camarades. J'entends les cris que poussaient les uns et les autres. La lutte devait être affreuse. Un moment, nous sommes deux, dépêchés de ce côté. Nous apparaissons à l'ouverture placée en face de celle qui donne sur la route. Trois Mexicains sont au moment d'entrer dans la chambre. L'un est renversé par une balle, les deux autres sont rejetés à coups de baïonnette et vont tomber à quelques pas. Nous voyons la masse compacte d'autres cavaliers, descendus de leurs montures et balançant peut-être de pénétrer dans cet antre où ils étaient certains de trouver la mort.

Nous revenons à notre poste.

Qu'il était beau notre capitaine, au milieu de ce cataclysme, calme et méprisant le danger, se portant d'un groupe à un autre groupe, je ne dirai pas pour donner du courage à ses hommes, — tous en avaient, autant qu'il leur en fallait à cette heure suprême, — mais leur parlant de devoir, de gloire, de l'honneur du drapeau.

Et la mort?... Je voudrais bien savoir s'il en était un seul qui lui donnât sa pensée, du moins pour la craindre. L'égoïste, le lâche ne sauront jamais que le sacrifice de la vie a des charmes, dans ces suprêmes dangers.

Cependant le sergent-major Tonel, qui se battait comme un lion dans la chambre, lui, qui était par-

tout à la fois et dont les paroles brû-
lantes arrivaient jusqu'à nous, malgré
le bruit de la poudre et des balles, le
brave Tonel est tombé, jetant encore
ce cri : — « Allons, les enfants ! courage. Pour la France et pour l'honneur de la Troisième. Vous savez la
consigne... Jusqu'à la mort ! »

Un autre camarade est tombé, avec
lui. Deux autres sont blessés, mais
combattent encore.

Deux fusiliers sont grièvement
atteints, au milieu de la cour. Ils
font d'inutiles efforts, pour se relever
et continuer à se battre. Vers eux
accourt le tambour du régiment :
— « Prends ma carabine, lui dit l'un
d'eux. Pour moi, c'est fini. Tiens,
voilà mes cartouches ! »

XIV

Cette lutte sans merci durait depuis une heure. Le capitaine alors,
élevant la voix pour être entendu de
tous, nous fait promettre encore de
nous défendre et de lutter tant qu'il
y aura debout un homme.

— « Nous le jurons !... Oui, jusqu'à la mort !... »

Et ce cri a été si perçant qu'il
a été entendu de l'ennemi, comme

pour le terrifier encore davantage. On eût dit que Danjou voyait la mort arriver. S'apercevant que la défense de la chambre devenait de plus en plus périlleuse, il y était accouru pour jeter à ses braves légionnaires une de ces paroles qui créent des héros sur place, si du moins ils ne l'étaient déjà. Il a vu à terre son brave sergent-major et les autres camarades, et son cœur s'est serré. Il aimait tant ses hommes !

Il traverse la cour, brandissant son épée. Tout à coup il chancelle et tombe aussi. Une balle venait de le frapper, en plein cœur.

Nous accourons. La blessure est profonde. Le sang coule à flots. Le lieutenant Maudet essaie, mais en vain, d'avoir encore une parole de notre chef adoré. Il est étendu sur le sol, sa tête appuyée sur une pierre, son front regardant le ciel et son épée toujours dans sa main valeureuse.

Quelques minutes encore, et sa noble poitrine n'a plus un battement.

Il était mort.

En présence de notre héros, jeté à terre, plus que jamais nous jurons de tenir le serment qu'il nous avait fait prononcer.

XV

Cependant les défenseurs de la chambre sont obligés d'abandonner ce poste. Les Mexicains de la chambre voisine, ceux du premier étage et ceux du dehors, leur lancent des balles, à bout portant. Ils y étaient entrés quatorze. Ils en sortent six, presque tous avec quelque blessure. Qu'importe, ils continueront à se battre. Ils entraînent dehors leurs camarades grièvement atteints et les placent au pied du mur. L'un des six braves est fortement blessé, en se rendant à un des postes de la cour.

Après la mort de Danjou, le sous-lieutenant Villain a pris le commandement. Il mérite de remplacer le capitaine. Son œil, quoique bien jeune, annonce la décision, l'énergie et le mépris du danger.

Mais, hélas ! nos regards, en se portant dans la cour de l'hôtellerie, voient à terre le caporal Favas, mort comme Danjou. Les fusiliers Schumasser, Léonhard, Bauss et quelques autres camarades, sont aussi morts ou mortellement blessés.

Nous sommes, pour ainsi dire, à une nouvelle phase du combat. Les

Mexicains sont restés les seuls maîtres de la maison, tandis que nous combattons presque à découvert. Mais, qu'ils y prennent garde : tout ce qui paraîtra à une ouverture quelconque aura sa balle bien dirigée. Aussi, renoncent-ils à l'occuper plus longtemps. Toutefois ils y reviennent encore par petits groupes, mais ils voient toujours tomber un des leurs.

Et la soif, et la chaleur, qui nous rongent ! Et la faim, qui nous mine ! Faut-il vous raconter, jusqu'au bout, une histoire qui fait frémir d'horreur ?

Il est midi... Le soleil déverse tous ses feux. Nos yeux sont comme brûlés par ces torrents de lumière, par la réverbération de ces murs blanchis à la chaux.

Mais qu'avons-nous entendu? Au loin, des clairons !.. Sont-ce les grenadiers de *Passo*, qui approchent? Un secours du brave capitaine Saussier?.. Je vous l'avoue, mes regards se sont tournés vers le ciel. Il m'est venu alors la pensée de ma mère... Et puis, et surtout quelle splendide victoire ! Nous aurons le succès que nous avait demandé Jeanningros.

Nos yeux se portent vers les différents postes de la cour. Chacun voit ce que pensent les autres. C'est de la joie, du frémissement. Quelle expression trouver encore ?... Nous allons nous élancer au-devant de nos Fran-

çais, qui accourent. Qui nous arrê-
tera ? Nous avons fasciné nos ennemis, après les avoir terrifiés.

..... Qu'avons-nous entendu, de
nouveau ? Ce n'est plus ce tambour
si sonore, si entraînant de la
France. Ce ne sont plus ces notes
joyeuses et bruyantes, qui enlèvent le
pas. Ecoutons encore : c'est le tambour, si pâle et si monotone, du soldat
mexicain !... Déception amère ! Eh
bien ! il faudra vaincre tout seuls,
ou... mourir.

Nous comprenons que nous avons
même pour ennemi le vent du nord,
qui emporte vers le sud le crépite-
ment de nos balles. Les grenadiers de
Passo, qui est au couchant, n'auront
pas entendu l'appel de nos carabines.

C'est l'infanterie de Millan, qui approche. Ils se comptent par mille et douze cents, pour le moins, venant du camp de la *Joya* où Millan avait dépêché ses émissaires, voulant hâter leur arrivée et apporter du renfort à la cavalerie.

Morzicki remonte sur la toiture. — « Ils sont là, nous crie-t-il, massés en face de *l'hacienda!* »

Que faire, en présence de ces nouvelles forces ?

Pour nous réconforter nous-mêmes, nous nous faisons de nouveau le serment de mourir tous, jusqu'au dernier.

C'est un silence de mort, pendant que nos regards semblent s'interroger mutuellement et plonger dans les

profondeurs de toutes nos âmes, ré-
solues à dominer les événements et
la mort. Nos courages semblent
grandir. Il ne s'agit plus que de tomber, comme ceux qui, devant nous,
dorment déjà leur glorieux sommeil.

Mais, les ennemis, que veulent-ils
encore? Oseraient-ils encore nous
ravir notre gloire? Ayant aperçu
notre sergent à son poste d'observa-
tion, le colonel mexicain, pour la
seconde fois, lui adresse la sommation de nous constituer prisonniers.
Morzicki était dans une trop grande
exaltation, il avait trop de colère
au cœur, pour faire une réponse qui
se pût reproduire... Elle fut comprise
des Mexicains, et le lieutenant ap-
prouva ce soldat d'avoir fait connaître

à l'ennemi que jamais on n'aurait
de nous des prisonniers volontaires.

Que devaient penser cependant
ces deux mille soldats, de cette audace, de cette ténacité qui parais-
saient devoir être indomptables ? Leur
colonel, leurs officiers, hommes au-
dessus du commun, n'étaient-ils pas
embarrassés du parti qu'ils auraient à
prendre, en présence de braves gens
qu'il était inutile de tuer, pour le
quart d'heure ; car enfin, devant le
monde et avec les idées du jour, il
est des ennemis qu'il faut savoir res-
pecter, admirer au besoin. Mais,
derrière les chefs, il y avait les
soldats. Il fallait leur accorder une
victoire complète. Les grossières in-
sultes qu'ils prodiguaient à nos héros

prouvaient bien quels étaient leurs sentiments. « Aussi, continue le narrateur, Millan, avec regret sans doute, leur laisse recommencer l'assaut. »

XVI

L'infanterie, qui venait d'arriver et qui voulait sa part de cette journée glorieuse, s'élance de tous côtés, en vomissant de ces injures que nous avions entendues d'autres fois. Nous aurions été effrayés par les cris et les hurlements de ces hommes apparaissant à toutes les ouvertures, jusqu'au sommet du mur d'enceinte, pour pénétrer dans le *corral*, oui, nous

aurions été saisis de crainte, si notre
âme avait pu être encore accessible
à quelque sentiment de terreur.
Notre jeune chef, avec sa chevelure
blonde et sa figure d'enfant, était
magnifique d'audace. «...Vous savez
ce que nous avons juré à notre capitaine! » disait-il, et il le montrait, de
son épée, étendu sur le sol, au milieu d'autres camarades.

Qu'étions-nous donc, pour arrêter
une armée? Qu'avions-nous sur nos
traits, dans nos regards ? Etait-ce ce
calme, ce silence froid que nous gar-
dions, immobiles à notre poste, tirant
avec sûreté et jetant toujours à terre
celui qu'avait visé notre balle ?...
Cent hommes de plus, — les braves
du valeureux Saussier, s'ils avaient

pu le savoir! — et nous venions à
bout de nos deux mille ennemis.

..... Ils fléchissent encore. Ils re-
culent. Ils sont revenus.

Ils ont des mugissements, comme
les flots de la mer quittant la grève
et venant de nouveau s'y briser. Ils
sont sur nous. Ils nous pressent.
Encore un pas, en avant. Mais la
houle revient en arrière.

Décidément, ils ne veulent pas nous
tuer, ou nous les fascinons. Voyez-
vous cette porte? Là, apparaît un bel
officier qui précédait ses hommes.
Je le vise. Il tombe, raide mort. Je
crois bien que ma balle l'a frappé au
front. Je le dis à la louange des officiers mexicains, ils ont de la bravoure. Même le soldat mexicain, en

général, montre assez d'impassibilité devant les balles ; mais l'arme blanche le terrifie, surtout dans les mains d'un Français. Je le répète, cinquante hommes de plus, baïonnette au canon ; et tout ce monde nous eût ouvert un passage.

Dans la maison, nous entendons des coups redoublés contre les murs. C'est une brèche qu'on veut ouvrir. On en pratique une autre dans le mur du levant, en face de la grande porte, ainsi que quelques meurtrières.

Nous voyons tomber les fusiliers Langmayer, Weinsein, Daylink, plusieurs autres, blessés grièvement. Delcaretto caporal, et Hipp fusilier, morts. Un autre, mort également, dont j'oublie le nom.

Vous le voyez, les légionnaires se battaient bien, et ils ne balançaient pas pour répondre à l'appel suprême.

La brèche dont j'ai parlé pouvait avoir trois mètres de largeur. Sous les balles, qui vont lui arriver en plein, que deviendra la réserve placée entre les deux portes ? C'est alors qu'après ce cri, que durent entendre et répéter tous les échos de la cour : « Vive la France ! vive l'Empereur ! » le lieutenant nous donne l'ordre de nous concentrer sous le hangar qui est à l'angle sud-ouest, celui où j'ai été blessé et où j'étais loin de penser que je reviendrais un jour pour faire un cours de stratégie militaire ; moi qui, après tout, avais étudié pour faire de la stratégie devant des juges,

des témoins et des coupables peut-
être.

Ce hangar, à moitié démoli, n'a-
vait plus que le mur en briques sur
lequel reposaient quelques pièces de
bois, destinées à supporter un toit
de chaume. Abrités derrière ce mur,
nous lançons nos balles contre les
Mexicains qui veulent profiter de
l'ouverture de la brèche. En est-il
une seule qui ait manqué son coup ?
Je ne le pense pas.

Il était, à peu près, deux heures.
Notre lieutenant, que je vois encore,
— je l'ai dit, — avec sa figure si
jeune, revenait de l'ancienne brèche
que vous voyez là-bas, dans cet angle.
Il marchait, avec cette fierté que vous
lui supposez naturellement. Il sa-

luait les morts, de son épée, disait un mot aux blessés qui gisaient sur le sol fumant. Et puis, brandissant cette même épée dans les airs, il nous cria : — « Vive la France ! » Au même instant, une balle le frappant au front, il tombe, pour ne plus se relever.

Un moment, — un seul, — nos balles ne sifflent plus. On regarde étendu sur cette terre brûlante ce beau soldat, à la figure si jeune. Lui aussi, en tombant, tenait encore dans la main sa noble et vaillante épée. La mort, on le dirait, toute rapace qu'elle puisse être, ne saurait ravir aux héros ce glorieux privilège de faire naître la tristesse dans les cœurs. Les nôtres sont brisés mais ils espèrent, en présence du brave qui n'est plus.

Oui, plus que jamais, combattre et mourir !...

Presque en même temps, nous voyons s'affaisser le caporal Puizenger, le voltigeur Rébores, le fusilier Brunswich. On dirait qu'ils ne sont que blessés.

Mais ces blessés, hélas ! commençaient à être nombreux. Nous ne pouvions les secourir et ils brûlaient, sous les feux du soleil, de la fièvre et de la soif. De temps à autre, tristement, nous les regardions supporter sans se plaindre leurs terribles souffrances. Pas un cri ne sortait de leur poitrine brûlante. L'un d'eux, le caporal Berg, me faisant signe de la main, j'approche. Et ce fut pour me dire :

— « Tu sais, jusqu'au dernier !... »
Moi-même, alors, j'ai le bras gauche effleuré par une balle. Oui, nous ne pouvons que jeter, à l'envolée, un regard sur nos pauvres blessés dont les lèvres desséchées se rapprochaient des lèvres béantes de leurs blessures.... Eh ! pour quoi faire donc ? Pour faire ce qu'on ne vit jamais peut-être. Ainsi, comme vous feriez auprès d'une source quand la soif vous dévore, ils essayaient de se désaltérer avec leur propre sang. Horreur des horreurs, qui sera toujours présente à mon esprit !... Il est des douleurs, comme seul sait en créer ce climat des Terres-Chaudes, comme il pouvait seulement en naître dans cette

14

fournaise où nous étions renfermés :
douleurs qui peuvent amener la folie.
Car, il y a la folie des tourments, et
je n'en connais pas de plus terrible
que celle de la soif dans ces régions
où l'atmosphère vous saisit, vous
enserre à certains moments du jour,
surtout quand vous êtes blessé, et
produit sur vous l'effet de flammes qui
vous enlacent.

Ainsi, droit entre ces quatre murs,
le soleil des tropiques nous pressait
de tous ses feux. Ces feux tombaient
sur nous, comme une pluie d'étin-
celles qui se seraient amoncelées au-
dessus de ces malheureux gisant à
terre, ainsi que sur une plaque de fer
sortant rouge de la fournaise. Aussi
quelle fièvre, celle qui les dévorait!

Je veux le dire, mais le croira-t-on jamais!... Il en était qui, la bouche écumante, la langue tuméfiée par la chaleur et la soif qui les étreignaient à la gorge, — encore une horreur entre les horreurs! — il en était qui, se traînant et traînant avec eux des membres mutilés, léchaient les flaques de sang tombé des blessures d'un camarade, déjà mort.

Et, le regard en feu, la gorge serrée comme si un collier de fer la comprimait, la poitrine haletante, nous continuions à lancer nos balles et la mort, — les balles de ceux qui, en tombant, en laissaient quelques-unes encore.

Les armes, dans nos mains, ressemblent à du fer qu'on retirerait d'une fournaise au milieu des flammes. Je veux échanger ma carabine contre une autre, qui est restée quelque temps au soleil. Impossible de m'en servir. C'est du feu.

XVII

Je crois que nous sommes arrivés
au paroxysme de l'énergie et de la
volonté de nous défendre... je ne dis
pas du désespoir. Toutes ces armes,
qui brillent tournées contre nous,
des carabines, des lances, des
sabres, aux brèches, par-dessus les
murs, à toutes les ouvertures, toutes
ces balles qui nous arrivent, qui ricochent, labourant le sol et projetant

14.

des éclats de pierres, rien plus ne peut nous étonner. Nous avions promis de mourir ; et ce serait ou plus tôt ou plus tard, voilà tout. Le principal était que nos yeux, brûlés par ces flots de ·lumière, par ces ondulations, et ces courants de feu qui passent et vous dessèchent en pénétrant dans vos poitrines, oui, le principal c'était que nos yeux pussent encore s'ouvrir pour voir l'ennemi et lancer la dernière balle. Rester debout encore sous ce soleil de plomb, qui pèse et s'alourdit de plus en plus, viser et puis mourir : telle est la consigne, renouvelée par le sous-lieutenant Maudet qui a succédé au lieutenant Villain et qui, armé d'une carabine, remplit les fonctions d'un simple soldat. Il est avec nous, sous ce hangar ; porte-drapeau du régiment, il avait demandé à nous suivre, à défaut du lieutenant consumé par la fièvre au *Chiquihuite*. Et il ne paraît pas s'en repentir.

Ne pouvant plus visiter les différents postes de la cour, — pressés que nous sommes par l'ennemi, — il compte que l'ordre unique, que les chefs précédents nous ont laissé, sera suivi jusqu'au bout. Oui, résistance, jusqu'à la mort.

Ainsi, le brave sous-lieutenant ne pouvait plus aller d'un poste à un autre. C'était inutile d'ailleurs ; la consigne était incrustée dans toutes ces âmes : se battre et mourir !... Quels rudes hommes, que ces légionnaires !

De tous côtés apparaissent des Mexicains, avec leurs larges *sombreros* et munis de la carabine rayée. Leurs balles sifflent, comme ferait un vent de tempête. Elles ricochent et s'aplatissent contre le mur. Elles arrivent jusque sous notre hangar.

Une dernière épreuve sur notre résistance, un dernier coup tenté pour nous avoir, et aussi une nouvelle souffrance ajoutée à tant d'autres. Mais que peut-on, contre des hommes résolus à tout subir, et qui ont dit un suprême adieu à la vie ? J'y ai pensé, depuis, bien des fois. Tout enfant j'entendais parler de la constance des martyrs, de leur attitude si calme en présence des plus affreux tourments. Je ne comprenais pas cette fermeté inébranlable, ce mépris de la mort. Je les comprends aujourd'hui. Ils regardaient, comme sainte et sacrée, la cause pour laquelle ils donnaient si généreusement une existence de quelques jours.

Les Mexicains ont maintenant recours à l'incendie. C'est de la paille, du bois, c'est un hangar extérieur adossé à la partie nord-est, qui sont en feu et qui le communiquent à la maison. Atroce, cette fumée que le vent étend sur notre réduit, sur nos pauvres blessés, et qui jette comme un voile, entre nous, nos ennemis et les différents postes occupés par les camarades. Quand l'incendie est terminé, nous voyons diminués les défenseurs de la porte et de la brèche.

Les uns sont morts, les autres blessés.

Si par hasard un de nous survit à ce vaillant combat et qu'il raconte les péripéties de ce jour, pourra-t-on croire à sa parole?

XVIII

Cinq heures... Plus de Mexicains,
dans la cour. Que va-t-il se passer?
Ils ne veulent donc pas en finir, di-
sons-nous, toujours réunis sous ce
hangar. Peut-être que, nous voyant
si décimés, si affaiblis, ils seront
accourus au devant du convoi?

Un silence profond...

Tout à coup une voix arrive jusqu'à nous, forte et des plus accentuées. On désirait, à n'en pas douter, qu'elle fût entendue de nous tous. C'était le colonel Millan, qui haranguait ses hommes. Ses paroles, cette fois, étaient empreintes de tout l'orgueil national.

— « Quelle honte, disait-il, si nous ne pouvons venir à bout de ces Français, qui assurément n'en peuvent plus de fatigue ! Quelle honte, si le gouvernement de la République Mexicaine doit avoir, un jour, à vous reprocher votre faiblesse ! Prenez vivante cette poignée d'hommes, qui se meurent déjà. Et il faut se hâter. Qui sait si leurs camarades ne sont pas en marche, pour les secourir? Ils vont vite et, vous le voyez, peu leur importe le nombre de leurs adversaires. La valeur de ceux-ci vous donne une idée de la valeur de tous.

« Au nom de la gloire, de l'honneur et de l'indépendance de la patrie, un dernier assaut, et je vous promets toute sa reconnaissance. Amenez-moi vivants, pour ajouter à votre triomphe, amenez-moi vivants ces quelques hommes qui, après tout, vous montrent ce que c'est qu'une volonté invincible. »

Des applaudissements, mille fois répétés, ont accueilli ces paroles du colonel. Nous en augurons que tout va être fini peut-être. Les balles attendent dans nos carabines.

Mais quel n'est pas notre étonnement, quand on nous adresse une nouvelle sommation. Elle frappe des oreilles qui n'entendent plus, ou qui ne veulent plus entendre.

Pas de réponse.

Le mépris est une arme. Elle ne tue pas ; mais qu'elle est donc terrible ! Elle peut rendre furieux quelquefois celui qui en est l'objet. Que nous importe ? Tout est égal, pour des hommes qui vont mourir. Un ouragan dans le ciel serait venu joindre sa colère à l'avalanche que nous avions déjà contre nous, qu'il ne nous eût pas trouvés plus ébranlés, moins fermes et moins solides. Aussi, j'y ai pensé bien souvent, c'est le mépris de la mort avant tout qu'il faut apprendre aux soldats. Tout le reste vient avec lui.

J'ai parlé d'avalanche. La voilà !...

Elle passe, elle pénètre par toutes les ouvertures. Un seul homme gardait la grande porte, au milieu de ses camarades qui dormaient à terre leur dernier sommeil. Voyez-vous cet homme, le caporal Méquin, restant là, comme une sentinelle d'honneur à la porte d'une préfecture ou de l'hôtel d'un maréchal de France ? ... Mais ici cent ennemis peuvent arriver, à la fois. Que lui importe ? C'est la consigne. En effet, cent ennemis arrivent, l'entourent et le font prisonnier, malgré sa résistance. Il regrette le sort de ses camarades, qui jonchent la terre. Lui aussi avait promis de résister, jusqu'à la mort. On ne veut pas le tuer. Il faut des prisonniers à Millan. Tout de même, celui-ci pourra montrer plus d'une blessure.

L'entrée, obstruée par un seul homme, devient libre. Les Mexicains se pressent, pour entrer. Ils nous le payeront. Nos balles, longeant le mur, jettent à terre tous ceux qui se présentent, une quinzaine en peu de temps. Leurs cadavres forment comme une nouvelle barricade.

Cette brèche, là-bas, était défendue par quatre ou cinq des nôtres. Ils font des efforts inouïs, pour empêcher d'entrer la masse qui se présente; pris à revers par ceux qui envahissent la cour, ils font usage de la baïonnette. Ce sont des éclairs, qui jaillissent dans tous les sens : mais, enfin, après la défense la plus héroïque, accablés par le nombre, ils sont entraînés, luttant encore et des pieds et des mains contre leurs nombreux agresseurs.

Il fallait bien que le colonel Millan eût enjoint à ses hommes de ne plus tuer, pour qu'ils respectassent ainsi la vie de braves gens qui voulaient jusqu'à l'extrémité suivre la consigne qu'ils avaient reçue, celle aussi qu'ils s'étaient imposée eux-mêmes : lutter jusqu'à la mort. Ce ne sont pas eux, qui eussent employé des considérants. S'ils ne sont pas morts, ce n'est pas de leur faute, comme on dit. Ils ont assez de blessures pour prouver qu'ils auraient pu mourir.

Voici encore un de nos sergents et un de nos fusiliers qui tombent.

Par l'ancienne brèche dégagée de ses défenseurs, par une nouvelle pratiquée dans le mur de l'est, par toutes les ouvertures enfin, arrivent des assaillants dont les efforts se tournent vers ce hangar, notre dernier refuge à tous. Ils veulent nous avoir et nous avoir vivants, d'après le discours de leur colonel.

Ils veulent nous avoir? Mais telle n'est pas notre intention, à nous. Qu'ils viennent et bientôt ils seront avec ces pauvres blessés gisant à terre, entre eux et les derniers défenseurs de la Troisième. Oui, ils se permettent de gémir maintenant, les

pauvres! et de demander un breuvage quelconque. Leurs membres se
tordent, leurs yeux sont hagards.
Le soleil et la fièvre ont dû, dans
leur tête, amener le délire.

Pour nous, ne croyez pas que ces
masses-là nous intimident. Je venais
d'être blessé assez sérieusement.
Mais je pouvais encore me tenir debout. Nous rechargions nos carabines. Le coup partait. C'étaient de
nouveaux morts.

Deux des nôtres tombent encore,
parmi lesquels le sergent Morzicki.
Ils sont atteints mortellement.

Combien sommes-nous maintenant,
pour défendre le hangar ?... Nous
sommes huit !... Maudet, un sergent et
six hommes : Maudet, toujours avec

sa carabine, nous abritant derrière le mur en briques et lançant nos balles, mais à coup sûr, croyez-le.

Les Mexicains se sont ravisés. Pour éviter notre feu, ils vont se cacher derrière le mur du hangar, qui est en face, et continuent à tirer sur le nôtre. Le sergent a bientôt la tête fracassée.

XIX

C'est donc ici, à cette place, que va finir la Troisième du 1er. Mais qui dira noblement sa vaillance dernière?

J'entends encore une réponse de notre sous-lieutenant Maudet, réponse digne d'un porte-drapeau de la France.

— Morzicki est mort?

— Alors c'est notre tour!

Et il lance sa balle.

Une nouvelle blessure m'avait jeté à terre. Épuisé par le sang qui s'en échappait, je ne peux déjà plus me redresser. Je donne les trois ou quatre cartouches qui me restent. On en retrouve deux, dans les poches de Morzicki ; quelques autres, dans la cartouchière du sergent.

Ils ne sont plus que six combattants : tous les autres, morts ou blessés. Les cinq camarades qu'on a enlevés, c'est le mot, sont eux-mêmes couverts de blessures. Qu'on remarque bien que je ne dis pas prisonniers.

Six combattants encore !... Il faut les nommer :

Le sous-lieutenant Maudet, le caporal Manic, les fusiliers Catteau,

Wensel, Constantin et Léonhard.

— Tirez toutes vos balles ! dit le lieutenant. Tirez ! jusqu'à la dernière que vous garderez.

Cette dernière est dans la carabine.

— Attention ! s'écrie le porte-drapeau. Vous tirerez au commandement, puis vous chargerez à la baïonnette. Et vous me verrez le premier, mes enfants ! Je vous fais mes adieux !

Et plus une parole.

On attend.

Non, plus un mot. Et même respire-t-on encore ?

Et moi, qui étais là à terre, ne pensant plus à mes blessures, je frémissais de rage, de ne pouvoir plus faire usage de mon fusil, surtout de ne pouvoir mourir avec ces camarades qui allaient se faire tuer.

Le silence qui règne sous notre hangar intrigue les Mexicains du hangar, qui est en face. Peu à peu ils se dressent, derrière le mur en briques. Ils pensent que de notre côté c'est fini, que les légionnaires renoncent à toute résistance.

Fini ?.. pas encore. Et la consigne, où serait-elle ?

Alors ils se hasardent à avancer dans la cour.

— « Joue !... feu !.. » s'est enfin écrié le porte-drapeau du régiment.

Et, les cinq balles parties, le premier il franchit le mur et s'élance à la baïonnette, suivi de ses hommes que je vois bondir, comme des lions.

Sur eux sont tournés tous les fusils mexicains. Le brave Catteau se jette au-devant de Maudet, qu'il saisit et qu'il couvre de son corps. Il est criblé de balles et tombe mort, avec un autre camarade. Deux balles atteignent le lieutenant, une à la cuisse, l'autre dans le côté. Winsel tombe, lui aussi, légèrement frappé et se relève.

Je vois debout encore trois de nos camarades, qui se disposent à continuer la charge, quoique pressés dans un cercle effrayant de baïonnettes.

— « Arrêtez! » s'écrie enfin une voix. Celui qui a donné cet ordre, d'un bras vigoureux et du plus grand air d'autorité, relève avec son sabre les baïonnettes mexicainesqui effleurent déjà les poitrines des trois

Français. « Et vous, Messieurs, leur dit-il, rendez-vous ! »

Que je cite mot à mot leur réponse. Ce n'est pas celle de gens qui se croyaient vaincus :

— « Nous nous rendrons, si vous nous faites la promesse la plus formelle de relever et de soigner notre lieutenant et tous nos camarades atteints, comme lui, de blessures ; si vous nous promettez de nous laisser notre fourniment et nos armes. Enfin, nous nous rendrons, si vous vous engagez à dire à qui voudra l'entendre que, jusqu'au bout, nous avons fait notre devoir. »

Et toujours ils tenaient hautes leurs baïonnettes, comme pour continuer la charge.

Trois soldats, trois Français, qui posent des conditions, on peut le dire, à une armée !..

— « On ne refuse rien à des hommes comme vous ! » répondit l'officier. Cet officier, c'était le colonel Cambas.

Et il offrit le bras à deux de ces hommes, dont le sang indiquait qu'ils n'étaient pas sans blessures.

Un autre officier m'ayant aperçu, alors que j'avais élevé ma tête au-dessus du mur du hangar, vint à moi et m'offrit le même service. L'un des légionnaires, qui était au bras du colonel, jeta un coup d'œil désolé sur Maudet.

— « Ne craignez rien, dit Cambas, on va venir chercher le lieutenant. »

Le même camarade, tout en marchant :

— « On va nous fusiller, sans doute. Après tout, je ne tiens plus à la vie. »

L'officier mexicain parut blessé de cette supposition. — « Je suis là pour vous défendre », dit-il. Et il accompagna cette parole d'un regard où brillait toute la dignité d'une promesse qu'on saurait bien tenir.

Le troisième camarade, traînant la jambe, suivait ceux qui étaient au bras du colonel.

XX

Neuf heures de combat. Et quel combat!... Est-il possible que des hommes, à jeun et sous un tel climat, — j'y ai souvent pensé, — puissent opérer des œuvres semblables? Le soleil, qui les avait éclairées de toutes ses splendeurs, marquait dans le ciel la dernière heure de ce jour, la dernière avant qu'il allât éclairer d'autres hommes : mais des hommes

16.

semblables, non ! Ce sont de ces faits qui n'arrivent qu'une fois, ainsi que le dira plus tard un brave soldat devenu général.

Cependant, à cause de mes blessures, continue notre narrateur, je ne pouvais plus suivre l'officier mexicain. On me fait monter sur un cheval.

Lorsque les trois derniers défenseurs de la Troisième furent arrivés en présence du colonel Millan :

« Et les autres ? dit-il.

— Les autres ?... lui répond-on. Tous morts, ou tous blessés sur place.

— Morts ou blessés, mais sont-ce là des hommes ?. Ce sont plutôt des diables ou... des Français ! »

Il faut avouer que la figure des

trois braves, qui étaient en présence
du colonel mexicain, contribuait pas-
sablement à les faire prendre pour
des démons.

Pensez ce qu'avaient dû laisser sur
ces visages déjà bronzés la surexci-
tation, la sueur, la poussière, la
fumée de la poudre. Nos habits étaient
en lambeaux, labourés par les balles.
En outre, le sang qui s'était échappé
de nos blessures s'était figé sur nos
vêtements et sur nos mains. Aussitôt
arrivés, on nous offrit des aliments
et de l'eau. Les blessés, et le lieutenant Maudet, sur un brancard, furent
portés à un endroit qu'on appelle le barrage de Camaron. C'est
de là que provient le nom de cette
hacienda, parce que dans les eaux de

ce barrage, ou *présa*, se trouvent des écrevisses.

Nous n'avons qu'à nous louer des soins qui nous furent prodigués par les docteurs. Millan et tous ses officiers ne manquèrent pas de témoigner leur admiration pour les héros qu'ils venaient de combattre.

La nuit venue, — je ne dis pas les prisonniers, — mais tous les blessés et les troupes mexicaines prirent le chemin de la *Joya*.

Nos pertes s'étaient donc élevées à deux officiers, et à vingt-neuf sous-officiers et soldats, tués pendant l'action; à vingt-et-un sous-officiers et soldats, grièvement blessés. Huit de ces malheureux, ainsi que le lieutenant Maudet, ne tardèrent pas à succomber à leurs blessures.

Le jeune porte-drapeau eut tous les honneurs militaires, dus à son rang.

Les autres, atteints de blessures sérieuses, moururent successivement à l'hôpital de *Jalapa*. Il n'en restait plus que onze, qui guérirent de leurs blessures, mais qui durent subir une captivité de trois mois. On les appelait des prisonniers. Non, c'étaient des blessés, eux aussi.

L'immolation avait été complète. Mais aussi nous avions sauvé le convoi, les Mexicains dans cette affaire ayant perdu près de trois cents des leurs.

XXI

Notre narrateur avait terminé
l'histoire de ce fait d'armes, devenu
célèbre dans nos fastes militaires. Il
est facile de comprendre avec quelle
attention nous l'avions écouté. Nous
étions sur les lieux de l'exploit. Tout,
hors les mares de sang, était encore
là comme aux heures du combat. Le
temps même, de sa main avide, com-
plétait un peu chaque jour les ruines

commencées par la colère des hommes. Une seconde fois, nous fîmes
le tour du *corral;* nous entrâmes
dans l'*hacienda* délabrée et rendîmes
une dernière visite à nos morts.
C'est alors que, élevant la voix, je
dis aussi à mes compagnons de route :

— « Messieurs, nous avons prié sur
les cendres de nos chers camarades,
jeunes héros dont les noms passe-
ront à la postérité. Voulez-vous me
permettre de vous rappeler que, moi
aussi, dans ces parages, j'ai une autre
tombe qui m'est chère ; la tombe d'un
héros obscur, c'est vrai, mais qui
succomba victime de son dévouement et de sa charité ? Ici dort, Messieurs, un de mes confrères dans le
sacerdoce, l'abbé de Ribens, venu au

Mexique après la Crimée, avec la première expédition. Sa tombe est de l'autre côté de l'*hacienda*, du côté qui regarde *Vera-Cruz*. Je vous propose d'aller lui faire une visite. »

J'avais à peine terminé ces paroles que mes compagnons de route prenaient déjà le chemin indiqué. Après avoir payé ce tribut d'hommage à la mémoire de l'abbé de Ribens, nous revenons sur *Passo-del-Macho*.

XXII

Il faut avoir pris part à l'expédition du *Mexique*, pour se faire
une idée de ce que devaient être
ces immenses convois, s'avançant au
travers des forêts, serpentant sur le
flanc des montagnes, ou traversant
des plaines marécageuses. Qu'on se
représente maintenant, engagéentre
la *Soledad* et *Camaron*, cet énorme
convoi que Millan avait promis à ses
hommes, après un discours où respirait tout le patriotisme qui était

dans son âme, puisque ces lourds chariots portaient les canons qu'on allait dresser contre *Puébla*, et des millions qui pourraient aider les Mexicains à soutenir la lutte contre l'étranger. C'est là encore que Millan, avec son éloquence incontestable, avait dû faire miroiter aux yeux de ses soldats ces belles pièces d'or, destinées à devenir pour la plupart la récompense de leur courage et de leur dévouement à la patrie. Il avait dû leur montrer la facilité de la victoire. Deux compagnies seulement pourraient-elles défendre tous ces chariots, tous ces fourgons du Trésor et tous ces mulets, sur une étendue de cinq kilomètres? Millan savait tout par ses espions, et il avait déjà choisi le passage difficile où il devait attaquer le convoi. Ce qui le gênait c'était la Troisième du 1er, partie pour éclairer la route. Mais il comptait facilement en venir à bout avec ses mille cavaliers, et se porter ensuite au devant de ce convoi, aidé en plus par ses quatre bataillons d'infanterie de réserve qui n'attendaient que ses ordres.

Malheureusement pour lui, il se trouva avoir affaire à des hommes qui ne connaissaient qu'une consigne : le devoir. En se faisant tuer, un à un, pour ainsi dire, ils prolongeaient le temps et ils arrêtaient l'ennemi. Dans cet intervalle, des secours pouvaient arriver et des renseignements parvenir aux défenseurs de nos trésors. Les secours ne vinrent pas,

mais les renseignements arrivèrent à
point au capitaine Cabossel, un autre
brave des voltigeurs qui se fût fait
tuer, lui aussi, avec tous ses hommes
pour défendre les richesses qu'on lui
avait confiées. Les deux compagnies
qui escortaient le convoi, sous le
commandement de Cabossel, apparte-
naient également au régiment étranger. Les renseignements avaient été
apportés au capitaine par des Indiens
qui nous étaient dévoués, parce
qu'ils savaient que leur condition
n'avait qu'à gagner avec l'interven-
tion française. Cabossel s'empressa
de transmettre ces avis à la *Soledad*. Ordre lui fut donné de revenir
sur ses pas.

On a de la peine à comprendre que

le colonel Millan n'ait point lancé une partie de ses hommes contre Cabossel, alors qu'il avait sous la main un millier de cavaliers et trois bataillons d'infanterie, les bataillons de *Vera-Cruz*, de *Cordova* et de *Jalapa :* des hommes, qui connaissaient parfaitement le pays. Le convoi n'était plus qu'à huit kilomètres. Millan devait le savoir, par ses éclaireurs. Il avait donc été grandement fasciné par les héros de la Troisième. Sans doute il lui en coûtait, d'exterminer jusqu'au dernier ces braves gens. Voilà pourquoi il réitéra ses sommations. Il avait hâte d'ailleurs d'en finir avec eux, pour courir sur le convoi avec tout son monde. Tout son monde !... s'il le lui avait fallu pour

venir à bout d'une seule compa-
pagnie de Français, qu'adviendrait-il
s'il affaire à deux du même régiment ?

Pendant que des Indiens rensei-
gnaient Cabossel, d'autres avaient
couru du côté de *Passo-del-Macho*.
La nouvelle arriva enfin au *Chiquihuite*, et le colonel Jeanningros partit
aussitôt, avec tout son monde. Il prit
en passant les grenadiers de *Passo*,
marcha toute la nuit et, au point du
jour, arriva devant Camaron.

Le silence le plus complet régnait
sur toutes ces ruines. Ce que c'est,
que des choses de ce monde ! Avec
le temps, en quelques heures, tout
cesse et s'évanouit !... avec le temps,
maître de tout, dominateur des plus
grandes colères.

Voyez l'océan. Il s'agite et mugit ;
il vous effraie… On dirait même qu'il
va dépasser ses limites. Quelques
heures encore, et le calme renaît.
Ces montagnes, qui s'élevaient jusqu'aux nues, sont devenues des
plaines. Tel, ce champ de bataille où,
hier, les cris, le tumulte, les colères, les balles qui sifflaient et dé-
chiraient des membres, les mourants
qui se tordaient dans les convulsions
de la douleur, d'autres qui maudis-
saient ou remplissaient l'air de leurs
gémissements… Tout est fini ! Plus
rien, sinon encore des épaves de
cette tempête humaine ; des armes
brisées, tordues ; des vêtements en
lambeaux, des cadavres !…

Des cadavres !... Les Mexicains avaient commencé à creuser une large fosse, pour y déposer leurs compagnons. Une autre devait recevoir les Français. A peine, durant les ténèbres, ont-ils mis en terre cinquante des leurs, qu'ils apprennent la venue de Jeanningros. Ils se hâtent de fuir.

Seul, un être restait vivant, auprès

de tous ces débris et de toutes ces
ruines. La colonne de Jeanningros
marchait avec la plus grande rapidité,
s'attendant toujours à voir la route
semée de tous les débris du convoi de
Cabossel et des cadavres de ses défenseurs. Mais non. Tout à coup, un
peu en avant de Camaron, on voit
une forme, un homme apparaître
au-dessus des hautes herbes et re-
garder et faire, en se traînant, quelques pas. On approche : ô surprise !
on a reconnu le tambour de la 3ᵉ !...
Il n'a pour tout vêtement qu'une che-
mise ensanglantée. Sa poitrine est
percée d'une balle. Sa main droite
est fracassée. Sur tout son corps sont
marqués maints coups de lance.

On le questionne. Il peut articuler à peine une parole. Toutefois, avec des signes, il fait comprendre que la soif le dévore. Voilà deux grandes nuits et tout un jour, qu'il n'a pu approcher de ses lèvres brûlées par la fièvre autre chose que... quelques gouttes de son sang !... Plus tard, il racontera tout à ses compagnons d'armes.

Guerre, je te maudis ! Et que le monde entier te maudisse, avec moi !

On présente de l'eau, mêlée de café et d'un peu de rhum, à ce pauvre malheureux qui peut enfin prononcer ces paroles :

— « Je suis seul, de la 3ᵉ ! »

Que s'est-il donc passé ? Ce peu de mots cependant ajoute quelque chose à la nouvelle que les Indiens avaient déjà rapportée, du combat de la veille. Bientôt Jeanningros saura jusqu'où est allé l'héroïsme de ses légionnaires.

Après un premier pansement, le tambour est placé sur un mulet. On arrive à l'*hacienda* : quel terrible tableau !

Le tambour, revenu un peu mieux à lui-même, grâce aux premiers soins qui lui ont été donnés, peut en quelques paroles encore faire comprendre ce qui s'était passé. Il croit même pouvoir assurer que l'ennemi n'a pas pris par le chemin de *Vera-Cruz*.

Quel horrible tableau ! ai-je dit.

Les grenadiers de *Passo*, les soldats de Jeanningros, ceux de l'infanterie de marine, en pénétrant dans

l'*hacienda*, peuvent se rendre compte
de la lutte soutenue par leurs camarades. Tout annonce qu'ils se sont rudement battus, en tout point comme
ils l'auraient fait eux-mêmes. Partout des lambeaux d'uniforme tachés
de sang, des armes brisées, torducs,
n'ayant plus de forme pour la plupart, de larges places couvertes d'un
sang desséché, et le sol bouleversé,
labouré par les balles, des brèches
ouvertes, des pierres qui avaient volé
en éclats, des restes d'incendie avec
cette odeur âcre qui vous prend à la
gorge, des poutres et des madriers
consumés par les flammes.... Dans
un espace restreint, toutes les horreurs d'un champ de bataille.

Un détail : au milieu de tous ces

débris on trouva la main articulée du capitaine Danjou, cette main de bois qui avait remplacé celle qu'il avait perdue devant Sébastopol.

.... Deux cents cadavres encore, deux cents cadavres mexicains, mêlés un peu partout à quelques-uns des nôtres qui attendaient la sépulture.

Et, sur toutes ces ruines, le silence!... le silence, interrompu seulement par le cri sinistre des oiseaux de proie qui déjà approchaient pour dévorer des chairs promptement corrompues.

Le tambour raconte ce qui lui est arrivé à lui-même. D'autres que des soldats frémiraient, en écoutant ses paroles :

— « ...Les Mexicains, dit-il, ont

emmené leurs blessés et les nôtres.
Ils avaient commencé par faire un
choix des cadavres. Leurs compatriotes gisaient d'un côté, et les Français étaient placés à part. Me trou-
vant évanoui, et incapable de tenter
un mouvement, ils m'avaient mis au
nombre des morts. Revenu de mon
évanouissement par la fraîcheur de
la nuit sans doute, je me suis trouvé
au milieu des cadavres. Je ne pouvais me remuer encore. Mais j'entendais que l'on creusait des fosses... Je
serais jeté là, tout vivant!... Et puis,
je ne sais comment il s'est fait que je
n'ai plus rien entendu. A force d'essayer de me mouvoir, je comprenais que j'arriverais enfin à me dégager de ce tas de cadavres qui m'en-

serraient. Seule, une main pouvait encore me servir. L'autre pendait, mutilée, à mon bras. Je me soulève et, passant sur le corps de mes pauvres camarades, je me traîne à travers les broussailles, dans la direction de la route que nous avions suivie, — je le croyais, du moins. Ne pouvant bientôt plus avancer, je me blottis, pour attendre la mort, là où vous m'avez trouvé tout à l'heure. J'avais recommandé mon âme à Dieu.

« Une chose qui m'a tenu en éveil et qui maintenant me fait frémir d'horreur, c'est l'approche des *coyotes*. Ils venaient voir, sans doute, s'ils pouvaient me dévorer. Trois ou quatre fois, ils se sont approchés de très près. Je voulais crier ; mais ma voix s'arrêtait à la gorge. Je tâchais de faire du bruit avec mes pieds, d'agiter avec ma main les herbes et les broussailles qui m'entouraient : ils fuyaient, mais pour revenir plus près encore. C'est peut-être le spectacle qui m'a été le plus horrible. »

Ce fait m'en rappelle un autre qui arriva, un jour, en Espagne, à un camarade de mon père. Que de fois, dans mon enfance, j'ai entendu raconter cet épisode si émouvant ! Ce camarade, Jacques Mandiberon, était d'Agen. Alors moi, élève du petit séminaire, je ne passais jamais devant son atelier sans le chercher du regard ; et je disais à mes amis : « Le voilà ! » Vous pensez bien que je leur avais raconté son histoire.

Mandiberon, envoyé en éclaireur avec quelques autres camarades, arrive dans un village. On leur fait bon accueil. On leur offre des aliments, en abondance. Cependant l'alcade avait réuni un certain nombre d'habitants et leur avait donné des armes. A un moment convenu, ils devaient se jeter sur les Français, pendant qu'ils seraient à table. Le signal est donné. Les Espagnols se précipitent en nombre sur nos soldats et les massacrent, jusqu'au dernier.

La nuit arrive. On attend que les ténèbres soient plus profondes pour aller cacher tous ces cadavres dans une large fosse, à une certaine distance du village. On les place sur un chariot, devant lequel marchent les conducteurs. Les cahots de la voiture et la fraîcheur de la nuit ramènent Mandiberon de son évanouissement. Il se laisse glisser le long de ces tristes cadavres, attend que le char ait fait quelques mètres encore, s'éloigne à travers champs et se tient caché dans les broussailles. Mais quelles souffrances, à la suite des coups qu'il a reçus ! Aux premières lueurs du jour, il tâche de s'orienter et, à peu près au hasard, se dirige du côté où il suppose le camp français.

Un châtiment terrible tomba sur ce village.

XXIV

Nos soldats cependant s'étaient
mis à l'œuvre. Ils avaient creusé de
larges fosses, et, le soir de ce jour,
tous ces débris humains, semés dans
la cour, sous les hangars, dans les
chambres de l'hôtellerie, tous ces cadavres mutilés avaient pour toujours
disparu. Ceux des Français avaient
été enterrés à part. Ils reposent au
sud-ouest de l'*hacienda*, là où s'élève

la colonne dont j'ai parlé et qui ne fut
érigée que plus tard. On avait tout
d'abord placé sur la tombe de nos
héros une simple croix de bois sur
laquelle on lisait :

« *A la mémoire de Danjou,
Villain et Maudet, et de la 3ᵉ compagnie du 1ᵉʳ bataillon de la légion étrangère, qui ont succombé le
30 avril, aprés dix heures de lutte,
devant 2,000 Mexicains.* »

Je crois l'avoir déjà dit, le maréchal Forey, ce soldat si digne de la
France et qui savait si bien apprécier
le courage et le dévouement de ses
braves, le maréchal Forey, dans un
ordre général à l'armée, avait pres-
crit que dorénavant aucune colonne
ne passerait devant cette tombe, de-

venue sacrée, sans s'arrêter, faire face et présenter les armes, pendant que les tambours battraient aux champs.

Ainsi l'armée honore et salue ses héros, martyrs du devoir, de nos gloires et de nos libertés.

De même, je ne passe jamais devant la colonne Vendôme sans lui donner mon salut. Après toutes les raisons patriotiques et militaires, j'ai encore une raison de famille : mon père a fait partie de ces grandes armées se déroulant, en effigie, sur ce bronze dont tout Français devrait être fier et glorieux. Et même, avec l'honneur de combattre sous le commandement de celui qui était leur idole, mon père avait eu un autre honneur qu'il appréciait grandement et qui est passé à l'état légendaire dans notre foyer domestique. Que de fois il en a entretenu ma jeune imagination ! Je le regardais, et il m'arrivait assez souvent de voir des larmes dans ses yeux. Faut-il le dire encore : l'Empereur était l'idole de ses soldats, qu'il faisait s'éreinter cependant, et auxquels il demandait le plus souvent plus que la nature ne semblait pouvoir leur laisser faire.

J'étais dans les rangs du sacerdoce, que mon père me disait encore : — « Mon fils, si jamais tu allais à Reims, voici ce que tu ferais. Tu sortirais de la ville. Tu regarderais vers le nord. Il doit y avoir encore le fameux moulin où l'Empereur, pendant la bataille, avait établi son quartier général. J'étais sergent-major. Je fus désigné pour lui porter une dépêche. Les balles sifflaient, à droite et à gauche. Je devais arriver, quand même. Et j'arrivai. On me présenta à l'Empereur, avec mon pli. J'attendais, au port d'arme.

— Comment t'en reviendras-tu, au milieu de ces balles ? me dit-il.

— Sire ! par le chemin que j'ai pris pour venir.

— C'est bien. Tu es un brave ! ajouta-t-il. Et, avec sa main, il me tapa doucement sur la joue, suivant l'habitude qu'il avait prise vis-à-vis de ses heureux soldats.

« Et voilà, j'espère, mon fils, un honneur qui ne me laisse rien à désirer ! »

XXV

Ainsi donc aucune troupe ne devait
passer devant les héros du 30 avril,
sans faire face et présenter les armes.
Quels sentiments devait éveiller, dans
l'âme de nos soldats, ce témoignage
de respect et d'honneur! J'en suis
sûr, pas un d'eux n'était là sans se
dire que, l'occasion venue, il en ferait
autant. Oui, moi qui vous connais
mes braves et mes chers camarades,
je sais que vous dites vrai. Pas un

soldat, dans l'armée française, qui, en ces circonstances exceptionnelles, ne serait ce que furent ses devanciers.

«... Je n'ai qu'un mot à ajouter, pour terminer cet émouvant épisode », dit encore notre guide.

Le colonel Millan s'était bien gardé de rester à la *Joya*. L'approche de Jeanningros lui avait fait lever le camp. Pendant que mes compagnons blessés étaient soignés dans les hôpitaux de *Huatesco* et de *Jalapa*, nous étions six dont les blessures furent jugées sans gravité. Dès lors, nous dûmes suivre l'armée mexicaine dans ses pérégrinations. Que de marches et de contre-marches, pressé qu'était l'ennemi par nos différentes colonnes!

Si quelqu'un connaît les Terres Chaudes, c'est bien nous. N'avons-nous pas assez couru, tantôt pour essayer quelque aventure, tantôt (et c'était le plus souvent) pour déloger les Mexicains par des contre-guérillas.

Nos blessés n'ont qu'à se louer de la manière dont ils ont été traités, sous la recommandation de Millan et du colonel Cambas. Et nous, — disons-le, à l'honneur de l'esprit chevaleresque du peuple mexicain, — nous étions devenus l'objet de ses conversations. Tout le monde parlait de notre défense glorieuse. Lorsque nous sommes rentrés, c'était un véritable triomphe sur notre route. On se montrait les héros de Camaron.

XXVI

Soldats de ma chère et bien-aimée
patrie, que pensez-vous, que dites-
vous de ces soldats de Camaron?
Qu'en dites-vous, quelles sont vos pensées à leur égard, vous surtout, mes
enfants du 1er Bataillon de France,
vous qui, par votre affection, par
votre amour pour le travail et pour
la discipline, faites de mes jours, —

et depuis vingt ans, — des jours du ciel passés sur la terre ?

C'est bien vous, dont le cœur a été formé par une mère aussi française que chrétienne et, plus tard, par des maîtres de la plus haute intelligence, qui saurez apprécier tous ces courages et tous ces héroïsmes, prêts avec les braves soldats qui vous seront confiés, à en faire autant et plus encore, s'il est possible, aux jours où se fera entendre le clairon des combats. Je sais même que déjà vous brûlez de donner à la patrie tout ce que vous avez au cœur de nobles et généreux sentiments. Il est long, il est trop long à venir, le jour où vous verrez briller dans vos mains la belle épée de France.

Saint-Cyr !... Quel trésor, pour la patrie ! Quel foyer, où s'allument et s'enflamment ces jeunes âmes, ces cœurs qui veulent être les plus vaillants. Quel est donc celui qui partit des rangs du 1er Bataillon de France, sans être déjà un héros ?

Sans remonter plus loin dans l'histoire, arrêtons-nous seulement aux deux promotions qui, en 1870, quittèrent si enthousiastes cette École pour voler à la frontière. Combien, qui tombèrent sur le champ de bataille, la plupart encore avec le bel uniforme de Saint-Cyr ? Combien furent-ils, ces héros de vingt ans, dont la poitrine labourée par les balles cessa de battre pour les nobles combats de la France ?

Combien ?... Ils étaient quarante-huit, ceux dont les lèvres les plus éloquentes, dont les cœurs des plus français eurent à prononcer l'oraison funèbre et à raconter les exploits, dans cette même chapelle où ces braves, aussi chrétiens que soldats, étaient venus prier avant d'aller défendre le sol qui tremblait sous les incalculables canons d'un innombrable envahisseur.

Et ceux qui revenaient, ayant échappé à ces terribles tempêtes et de fer et de feu, combien étaient-ils, qui nous apparurent avec l'étoile de l'honneur sur leur jeune et vaillante poitrine ? Ah ! ils étaient nombreux, assez nombreux pour attirer l'admiration de tous sur eux et sur leurs camarades.

Je ne parle que des six mois de l'Année Terrible. Et si je remontais à des jours plus éloignées encore, si j'ouvrais nos annales militaires, depuis les premières années de notre glorieuse école, que de héros nous montreraient ces mémorables combats burinés sur le bronze de l'immortelle colonne ; que de héros, aux régions africaines, sur les plages de la Crimée, dans les plaines de l'Italie, sur les terres lointaines du Mexique, sur le sol brûlant du Sénégal, aux rivages du Tonkin et de la Cochinchine !

Partout le premier Bataillon de

France a semé ses héros et ses braves.

Enfants ! voilà ce qu'ont fait vos anciens et tout particulièrement Danjou, Maudet et Vilain, dont je viens d'étendre, d'élargir la brillante auréole. Ou plutôt, que je le dise, j'ai voulu faire arriver, aux regards de tous ceux qui sentent battre un cœur français dans leur poitrine, les rayons de cette auréole que vous connaissiez déjà, vous autres, mes enfants ! si souvent je vous ai parlé des héros de Camaron, avec tant d'autres faits, à l'honneur du drapeau de la France ! Le drapeau, ce signe précieux, sur lequel il ne faut jamais porter ses regards sans lui promettre amour, dévouement, fidélité, jusqu'au dernier soupir... Le drapeau et la croix, deux emblèmes sacrés et résumés dans ces deux paroles que, tant de fois, j'ai prononcées devant vous et que si bien vous sûtes retenir :

Dieu et patrie !

Telles sont les deux grandes pensées qui élèvent les âmes vers les plus hautes régions du devoir et du sacrifice, du dévouement et de l'honneur.

L'honneur est, si j'osais le dire, une autre religion pour le soldat : l'honneur, si puissant pour jeter en avant des bataillons et des armées entières.

Soldats de l'avenir, les plus simples comme les plus élevés, que vous serez glorieux, un jour! On vous a tant parlé de la France et de ses anciennes gloires, que vous perpétuerez les grands exemples de courage qui font sa tradition nationale, dans le bel avenir qui vous attend. En aimant Dieu, vous aimerez la patrie. En servant Dieu, vous la servirez mieux encore.

FIN

PIÈCES OFFICIELLES

NOTES ET ÉCLAIRCISSEMENTS

20.

PIÈCES OFFICIELLES

ORDRE GÉNÉRAL

Le général en chef a déjà fait connaître
à l'armée du Mexique la belle conduite
de la 3ᵉ compagnie du 1ᵉʳ bataillon du
régiment étranger qui, le 30 avril dernier,
attaquée au nombre de 62 hommes par
une force ennemie, évaluée à 2,000
hommes dont 800 cavaliers, s'est réfu-
giée dans une maison de Camaron et y a
soutenu un combat digne de prendre
rang dans nos annales militaires, à côté
des plus beaux faits d'armes.

Les trois officiers de la compagnie et
29 sous-officiers et soldats y furent tués,

et 21 sous-officiers et soldats furent blessés.

Le reste tomba au pouvoir de l'ennemi, après une défense héroïque.

Le rapport circonstancié de cet admirable combat n'avait pas été transmis au général en chef; car, excepté un tambour grièvement blessé, personne de cette compagnie de héros n'avait pu rejoindre le corps. Et ce n'est qu'aujourd'hui que M. le chef de bataillon Régnault, commandant par intérim le régiment étranger, ayant recueilli de l'ennemi et des prisonniers dont le général en chef a obtenu l'échange, il y a peu de temps, les documents certains propres à faire connaître ce combat exceptionnel dans tous ses détails, en a fait parvenir l'émouvant récit au général de Manssion, commandant la brigade de réserve, qui l'a transmis au général en chef.

Le maréchal, commandant en chef,

voulant que personne dans le corps expéditionnaire n'ignore cette lutte de géants dans ses moindres détails, transmet littéralement ici le rapport du chef de bataillon Régnault.

Il n'a pas besoin de dire que sa conviction intime est qu'en pareille occasion il n'est pas une seule compagnie de l'armée qui ne fît comme la 3e du 1er du régiment étranger, qui a montré à un ennemi, combattant trente contre un, ce que sont les soldats de la France.

Une conduite aussi exceptionnelle mérite aussi des récompenses exceptionnelles.

Le sergent Maine sera nommé sous-lieutenant, à la première vacance dans les corps.

Le sergent Schaffner; Weinseil, grenadier; Fritz, voltigeur; Pinzinger, caporal; Brunswick, voltigeur, sont nommés chevaliers de la Légion d'honneur.

Lés nommés Palmaert ; Magnin, caporal ; Cunassec, Schreiblick, grenadiers ; Rébarés, voltigeur, et Gorski, grenadier ; sont décorés de la médaille militaire.

Au quartier général, à Mexico,

le 31 août, 1863.

Le maréchal commandant en chef,

Signé : FOREY.

Le 1er septembre 1863, le colonel
Jeanningros, désireux de voir se perpétuer le souvenir d'un combat aussi héroïque, demanda à monsieur le Ministre
de la Guerre que le nom de Camaron fût
ajouté à la légende de la médaille com-
mémorative du Mexique. Il reçut la
réponse suivante :

Paris, 4 octobre 1863.

Colonel,

J'ai reçu votre lettre du 1er septembre
dernier, par laquelle vous demandez que
le nom de Camaron soit ajouté à la légende de la médaille du Mexique et

inscrit sur le drapeau du régiment étranger, pour perpétuer le souvenir du combat du 30 avril 1863.

La première de ces demandes ne peut être accueillie, attendu que l'institution de la médaille a pour but de conserver d'une manière générale le souvenir de la campagne et non celui de quelques faits d'armes particuliers à un corps seulement.

En ce qui concerne ces derniers, l'inscription en est faite sur les parties flottantes du drapeau. Je vous autorise en conséquence à donner suite à la seconde demande, en prescrivant les mesures nécessaires pour que le nom de Camaron soit inscrit sur le drapeau du régiment étranger en caractères règlementaires.

Le maréchal de France, ministre d'Etat de la Guerre,

Signé : RANDON.

La mémoire d'un si beau fait d'armes
ne périra point, grâce à la sollicitude de
Sa Majesté l'Empereur qui a fait inscrire,
en lettres d'or, sur les murs des Inva-
lides, le nom de Camaron, suivi de ceux
de Danjou, de Villain et de Maudet.

NOTES ET ÉCLAIRCISSEMENTS

Aux dernières pages de ce livre, je dois en raconter la genèse au lecteur et lui apprendre comment, sans l'article de journal qui va suivre, l'humble auteur des *Héros de Camaron* n'eût jamais contraint sa modestie à m'abandonner un si beau manuscrit dont, aujourd'hui, j'ai l'honneur de présenter l'édition à la France et à l'Histoire tout ensemble.

L'année dernière, le 11 novembre (1), selon l'usage ancien déjà, les vieux offi-

(1) Voir le *Gaulois* du 13 novembre et du 22 décembre 1890. Cf. *Des Hommes*, t. II, pp. 134-144 ; Paris, Savine, éditeur, 1891.

ciers de terre et de mer allaient fêter, dans une église de Paris, la Saint-Martin, — l'été de la Saint-Martin, si mélancolique à voir jaunir dans la feuillée des chênes séculaires, à voir blanchir sur les têtes les plus énergiques des plus magnifiques vieillards. Surtout un soldat, vieilli, est un spectacle doux à voir. De son terrible cœur d'ancien indomptable lion, il n'est plus resté que le fond commun à tous les hommes, — la bonté. De son farouche visage d'imperturbable chef, le temps a gratté le masque rigide et fait tomber cet inutile plâtre de la vie, entre les mains câlines d'une femme ordinairement jeune, et d'enfants ordinairement bébés encore, qui préparent le plus délicieux été de la Saint-Martin à ces vieilles têtes de braves qui blanchissent, à ces anciens soleils de gloire qui vont mourir dans un dernier rayonnement d'automne.

Ils étaient mille ainsi, entourés de cette poésie tranquille, de leurs femmes sereines, de leurs enfants joyeux, à l'ombre du drapeau français, devant le maître-autel de l'église Saint-Augustin où leur doyen à tous, un prêtre et un soldat, allait dire pour eux la messe.

Mon souhait fut que cette actualité de passage me permît de placer sous vos yeux la silhouette d'un vrai soldat et d'un saint prêtre que, depuis quarante ans, tous les champs de bataille français ont vu passer et que tous les Saint-Cyriens ont connu et aimé, depuis vingt ans que l'abbé Lanusse est aumônier de leur école.

Et c'est pourquoi je m'étais joint aux nombreux officiers entourant dignement l'autel où ce vieux prêtre, — leur vétéran et mon fier compatriote, — allait monter, comme en plein camp.

*
* *

Né à Tonneins, dans l'Agénois, en 1818, ce Gascon, de la race de Gaston de Foix et de Bertram de Born, avait vite grandi dans ses goûts de chrétien ardent qui, dès quinze ans, l'avaient envoyé au séminaire, et dans ses sympathies de soldat généreux qui, de ce jeune sous-diacre, avaient sitôt fait un catéchiste et presque un aumônier dans la caserne de notre commun chef-lieu natal.

Il ne quitta cette première école de préparation que pour s'enrôler, dès la première guerre, sous les drapeaux français et dans le service le plus actif.

Son plus vif coup de feu, — comme il dit, lui qui, n'ayant pas une seule arme pour se battre, en avait des millions pour se faire tuer, — son plus vif coup de feu et le plus roide, ajoute-t-il, porte la date de la campagne du Mexique. Lutte

effrayante de l'honneur contre le patriotisme, et de nos pauvres soldats français, perdus en pays étranger, dans cette
périlleuse guerre de guérillas où nos
hommes tombaient sous les balles invi-
siblement lancées par un tas de mains
qui surgissaient à tous les coins des
sierras, l'abbé Lanusse, qui y cribla
tant de soutanes et y perdit encore plus
de chapeaux, la résume ainsi :

— En 1870, c'était le cœur qui sai-
gnait. En 1863, ce fut le corps.

Mais il faut aller vite, au galop du
cheval et aux souvenirs pressés de cet
indomptable aumônier militaire. Le
canon tonne à Puébla et les Français
tombent, là-bas, contre la brèche où
Saussier conduit sa légion, l'épée haute,
un regard de feu sur ses braves et criant,
de seconde en seconde, aux rangs décimés par la formidable mitraille :

— Serrez vos rangs !

Ceux qui les ont quittés, ces rangs, et qui sont étendus dans la plaine, y trouvent aussitôt un autre chef, aussi brave que l'autre, et qui leur dit, en leur tendant le Christ :

— Vous êtes bien tombés ? Mourez bien, maintenant !

Après Puébla, c'est Magenta ; après Magenta, c'est Sedan ; et partout c'est encore l'abbé Lanusse qui, ne comptant pas avec la vieillesse qui vient, marche en avant et use au feu plus de soutanes qu'il n'en faudrait à la vie de vingt prêtres. La paix faite, il vient prendre sa place dans la première école militaire de France, où il écrira plus de trois cents manuscrits de souvenirs des camps, que sa modestie ne lui permettra pas de publier, mais où il aura consigné les plus beaux documents capables d'instruire, par l'exemple des vieux soldats tombés au champ d'honnneur, la classe des nouvelles recrues qui, sur ce même champ d'honneur, de gloire, et de mort aussi, devront occuper et bien tenir les places vides.

A cette vie de bravoure infatigable, l'abbé Lanusse a gagné autant de croix d'honneur qu'il en faut pour couvrir sa poitrine de brave, lorsque, dans les jours solennels où l'armée convie ses dignitaires, le prêtre et le soldat apparaissent dans le même homme, pour l'honneur de l'Eglise et de la Patrie. Comme je l'ai vu hier, à Paris, couvert de ses insignes, je l'avais contemplé une première fois, dans Agen, à l'âge de l'enfance ; et je conserve depuis vingt ans ce souvenir ineffaçable où ce fut, non un prêtre mais un chevalier, non un saint mais un héros, non le Sacerdoce mais l'Honneur, qui brillèrent un instant à mes yeux dans le rayonnement de tant de croix.

Depuis vingt ans, l'abbé Lanusse a

seulement vieilli ; mais ses croix, plus nombreuses, ne m'en ont paru hier que plus lumineuses aussi. Le prêtre a, tout au plus, serré plus étroitement la main du soldat. En ce moment, tous deux ne font plus qu'un ; et le jour — lointain encore — où les yeux de ce brave se fermeront au soleil de notre chère France qu'ils auront tant aimée, servie aussi, ce sera un devoir à la Patrie de clore pieusement ces yeux-là, et de garder longtemps cette mémoire faite pour servir de modèle à tout prêtre qui deviendra aussi, quand l'exigera le devoir, un soldat.

. . . .

Ainsi, en attendant la mort qui frappera très tard chez lui, ce brave et ce saint prêtre vaque à l'aumônerie de Saint-Cyr.

De Paris à Saint-Cyr, par Versailles : trois quarts d'heure d'express, et vingt minutes de voiture, dans la neige. Une neige dorée par le soleil qui, ce matin de décembre, se lève brillamment derrière les bois sans feuilles de Ville-d'Avray et les charmilles nues de Viroflay. D'infinies branches mortes font une fuselure dentelée et perdue au premier plan du paysage que je traverse, où le soleil ardent monte déjà rouge et majestueux dans le ciel bleu et froid de Versailles.

Ici, solennel et ennuyeux, comme un parfait rectangle, le château du roi-soleil se dresse austèrement dans le fond d'or que l'autre soleil-roi — ancêtre millénaire et survivant immortel de celui-ci — lui dessine, chaque matin, comme pour une mosaïque de tombeau.

Là, enfin, le petit et élégant domaine de Saint-Cyr où, sur les arêtes des toits, s'élèvent encore en chapiteaux ces flambeaux de sculpture classique, symbolisant l'esprit sans chaleur du dix-septième siècle dont ils marquent le style, et le cœur sans âme de cette dame de Maintenon qui n'y réchauffa rien et n'y brûla rien, non plus. Aujourd'hui, la froide grande dame a fait place, dans ce château, à l'élite de la jeunesse française qui y vient apprendre autant la galanterie traditionnelle des gentilshommes stricts que la discipline apparemment glaciale, mais au fond chaleureuse, des soldats pleins de cœur.

ILS S'INSTRUISENT POUR VAINCRE !

Telle est leur devise, que vous lisez en passant sous la voûte : et, si vous voulez savoir quel est le romancier encore inédit de cette belle jeunesse, — pour laquelle M. Lucien Descaves a publié inutilement *Sous-Offs*, —prenez à gauche, par la cour de Rivoli, et montez au premier étage. Là vit solitaire et travailleur un vieux prêtre qui, dans l'École même et pour l'École seule, a déjà écrit trois cents volumes des faits et gestes de notre armée, et qui met la dernière main à un chef-d'œuvre de bravoure : *les Héros de Camaron.*

Nous sommes chez le doyen des aumôniers militaires de France et chez le campagnard de toutes nos campagnes, depuis celle d'Italie en 1859, jusqu'à celle d'Allemagne en 1870. Des croix, plein la poitrine ; des rubans, plein les boîtes :

— Je me ruine en passementerie !... s'écrie-t-il bonnement dans sa modeste chambre de prêtre où, pour s'acheter les rubans d'ordonnance qu'il veut chaque fois propres, il a laissé nus les quatre murs, et pauvrement meublé tout l'intérieur.

Par-ci, par-là, des caisses pleines de manuscrits sur parchemin, dont chaque page est un éblouissement d'enluminures. Et là encore une bibliothèque, avec d'autres manuscrits encore. J'en avais compté deux cent soixante à l'Exposition Universelle de 1889, section du Ministère de la Guerre. Ici, j'en trouve plus de trois cents, dont les illustrations seules sont autant de chefs-d'œuvre. Et pas un d'imprimé encore, ou à imprimer jamais !

— Imprimer cela?... s'écrie le modeste vieillard. Oh! non. L'École, quand je mourrai, gardera ces chroniques peut-être, comme un souvenir de l'aumônier qui, pour elle, sacrifia de tout temps, avec le calice et la plume. Oui, quand la guerre me laisse un peu de temps libre, je le dépense à l'autel et au bureau. Tenez !... la cloche de la chapelle m'appelle, pour une demi-heure. Voulez-vous vous distraire, pendant ma courte absence, sur ces *Héros de Camaron* que je termine et qui, finis, iront rejoindre les

autres braves inconnus dormant, çà et là
dans le monde, comme mes propres manuscrits dans leur bibliothèque ? A tout
à l'heure, donc!...

Seul à l'aumônerie, j'ouvre cette ri-
chesse incomparable de manuscrit grand
in-folio, sur la couverture duquel je lis
le titre ciselé dans le métal et constellé
de pierreries. Je lis... Mais pourquoi lire,
moi seul, cette merveille où les temps
vont dormir sur ces pages refermées
qu'ils ne rouvriront pas? Tant pis, de
l'indiscrétion ! Je prends un crayon à la
hâte, et je transcris à l'envolée des yeux
les extraits d'une chronique à la manière
de Villehardouin, de Joinville, de Frois-
sart, de Commines, ces *Héros de Camaron* qui, s'ils étaient connus, feraient du
moins pâlir et oublier bientôt les tristes
Sous-Offs, d'odieuse mémoire.

Le manuscrit commence par cette
page :

« J'ai assisté à de grandes batailles. Il me serait difficile de rendre les pensées qui agitaient mon âme, en ce moment. En effet, quel est l'état de l'âme, en présence de ces vastes cataclysmes, de ces puissances qui se heurtent, qui se choquent et s'écrasent, laissant après elles des ruines auxquelles on ne saurait donner un nom ? Des cadavres, du sang, du fer, des flammes et des cendres ; et, par-dessus tout, des malédictions qui planent sur ces ruines et dont le souffle ternira toujours les lauriers du vainqueur ?

« J'ai dit que je ne saurais rendre les pensées qui agitaient mon âme. Il faut trouver cependant comme une expression qui traduise, qui révèle un sentiment quelconque... Eh bien ! je suis dans l'étonnement. Oui, je m'étonne que des hommes puissent en arriver à de telles œuvres. N'y a-t-il que leur volonté propre ? Est-il une main invisible qui les pousse, une main dirigée par une volonté mystérieuse; et ne faut-il pas prononcer ici cette parole, tracée par une plume des plus savantes : *Divinum, quia myste-riosum ?...*

« Jeunes Français ! qui devez être des soldats, dont on veut faire des soldats, parce qu'il en faut à la France, hélas ! aujourd'hui plus que jamais peut-être, soyez heureux de lire ces gestes de vos devanciers. Pour moi, dans mon enfance et plus tard encore, j'étais tout oreilles lorsque, dans l'atelier de mon père, venaient ses frères d'armes et racontaient ces légendaires campagnes du premier Empire, mais avec cet enthousiasme, avec ce genre de littérature qu'on ne trouve plus aujourd'hui. Est-ce donc qu'une certaine glace serait passée sur notre patriotisme ? Qui sait cependant si, aujourd'hui plus que jamais, nous n'aurions pas besoin de victoires pour relever notre chère patrie?... »

Et, pour donner à ces patriotismes relâchés ou seulement distraits l'exemple, à côté du précepte, le chroniqueur entre aussitôt dans son sujet. C'est un incroyable épisode de cette guerre du Mexique, qui en a tant fourni de semblables, à l'honneur immortel de notre armée française. Soixante-trois tirailleurs, — 1er bataillon de la 3e compagnie, — sont confiés par Jeanningros au capitaine Danjou et aux officiers Maudet et Villain, pour devancer en éclaireurs un convoi chargé de trois millions de piastres qui, dans une nuit, doivent passer de Vera-Cruz à Puebla, en traversant l'hacienda de Camaron.

La troupe part. La nuit arrive ; écoutez-en la description :

«... Je me représente facilement la campagnie de Danjou, au milieu des ténèbres d'autant plus épaisses, ce semble, que le jour a été plus intense. Au reste, rien qui vous habitue à la transition de la lumière à l'obscurité. Cette transition est subite : pas de crépuscule. L'aurore, non plus, ne saurait que faire. Elle n'aurait pas même l'occupation, si simple d'ouvrir « les portes du matin ». Le jour et la nuit vous arriveront presque tout à coup.

« — Je ne peux même voir, s'écrie malignement un zouave, s'il y a des yeux dans mon bouillon ! »

Enfin, le jour revient, et le chroniqueur peintre remet sur sa palette les couleurs les plus vives :

«... Le soleil va paraître. Le voici dans toute sa splendeur. Que de fois, du Cerro-de-San-Juan, pendant le siège, suis-je sorti de ma tente pour contempler cette ravissante apparition, toujours annoncée par une teinte rose sur les neige du Popocatépelt ! C'est bien ici qu'on peut dire : *Surrexit ut gigas, ad currendam viam.* Rapidement, il fait ses premiers pas dans l'espace. Peu à peu, il semble ralentir sa course... La chaleur commence, et vous l'aurez jusqu'au moment où il disparaîtra derrière les neiges de l'Istatchiwalt. »

Et la colonne de reprendre sa route, à travers le désert bordé de forêts merveilleuses, dans ce pays aux enchanteurs contrastes. Mais voici tout à coup l'ennemi ? Non !

« Vous, qui avez parcouru le Mexique, vous souvient-il de ces colonnes de poussière qui s'élèvent peu à peu, montent arrondies, grandissent toujours et s'avancent emportés par des courants atmosphériques jusqu'à une distance où les regards ne peuvent plus les suivre ?.. Vous en voyez une, vous en voyez deux, plusieurs autres encore, qui se poursuivent comme des géants, sans pouvoir s'atteindre jamais. Elles ont une forme, celle que j'ai dépeinte. Dès lors, elles ne vous annoncent rien. Le vent seul les avait soulevées... »

L'ennemi n'est pas là, et nos soldats peuvent avancer sans crainte. Déjà Camaron s'annonce, au loin, par la silhouette de sa tour :

«... J'ai parlé ailleurs de cette tour unique, dans cette vaste plaine si déserte, bâtie au bord du torrent. La première fois que je la vis, elle m'offrit un aspect étrange. Elle était dominée par un turco, à l'uniforme bleu, à la figure d'un noir d'ébène, à la ceinture rouge, sous un ciel sans nuages. Sa baïonnette scintillait aux rayons du soleil. Une pensée m'est venue : lorsque l'Espagne élevait ce monument, elle était loin de penser qu'un jour il serait dominé par un enfant de Mahomet !... »

Notre chroniqueur militaire mêle partout, à son récit, de ces contrastes-là. N'est-ce pas à Puebla, en contemplant un canon aux armoiries espagnoles et pris sur l'ennemi, que le malicieux historien ajoute : « Les canons de Pavie reviendront sur la terre de France ! » Mais, n'interrompons plus son récit, qui touche déjà barre à Camaron :

« La colonne approche de Camaron, une auberge. Avant d'y arriver, sous des taillis qui bordent la route, quelques fleurs aux couleurs variées ! liserons, campanules, qui grimpent, courent, se multiplient et sont visitées par les papillons les plus beaux, les plus riches d'or, d'azur et de pourpre. En temps ordinaire, qui les contemple dans ces déserts uniquement fréquentés, à certains intervalles, par les *arrieros* de commerce, qui se hâtent de traverser ces parages ?... »

Telle est la poésie qui occupe en chemin cette poignée de braves, dont la mort est pourtant à deux pas.

Déjà, un coup de feu. C'est Millan, qui a promis à Ortega d'arrêter et de confisquer le riche convoi, et qui, tout à coup, démasque d'un taillis ses deux mille hommes. Nos soixante-trois tirailleurs de former aussitôt un carré formidable que les Mexicains, en force, entament vite. Nous nous retranchons dans l'hacienda. Millan nous y suit, nous déborde. Danjou et cinquante des siens sont déjà tombés morts.

— « Rendez-vous, braves gens ! » leur crie Millan.

Et le sergent Morzicki de répondre par un bruit humain, sourd et significatif, auquel le grand poète de Waterloo n'aurait pas su trouver de rime. Ils sont sept, bientôt six, et puis cinq, enfin quatre, dont le tambour agonisant qui lutte encore. Ici, il faut laisser parler le chroniqueur, sublime en sa simplicité :

« — Arrêtez !... » s'écrie une voix. Celui qui a donné cet ordre, d'un bras vigoureux et du plus grand air d'autorité, relève avec son sabre les baïonnettes mexicaines qui effleuraient déjà les poitrines des trois Français... « Et vous, Messieurs, leur dit-il, rendez-vous ! »

Que je cite mot à mot leur réponse. Ce n'est pas celle de gens qui se croyaient vaincus :

— « Nous nous rendrons, si vous nous promettez de nous laisser nos armes et notre fourniment, si vous vous engagez à faire relever et soigner notre lieutenant qui est là, et si voulez dire à qui voudra l'entendre que nous avons fait notre devoir jusqu'au bout.

— « On ne refuse rien à des hommes comme vous ! » répondit l'officier... Et il offrit son bras à deux de ces hommes. Un autre officier, étant venu, offrit le bras au troisième et dernier survivant de ces soixante-deux héros. L'un de ces camarades, qui était au bras du premier officier, jeta un regard sur Maudet :

— « Ne craignez rien, on va venir chercher le lieutenant !

Le même camarade, tout en marchant, ajouta :

— « On va nous fusiller, sans doute ! Après tout, je ne tiens plus à la vie.

L'officier mexicain parut blessé de cette supposition :

— « Je suis là pour vous défendre! » dit-il.

Et il accompagna cette parole d'un regard où brillait toute la dignité d'une promesse qu'on saurait bien tenir.

Il était un peu plus de six heures. Neuf heures de combat !... et quel combat ! Est-il possible que des hommes, à jeun et sous un tel climat, puissent opérer des œuvres semblables ?...

.   .   .   .

« Les ruines !... le désert !... Tels seront les témoins du plus beau, du plus pur héroïsme des soldats de la France, alors qu'il faudrait comme autrefois le regard et l'admiration de quarante siècles ! »

⁎
⁎ ⁎

La porte s'ouvre. Les vêpres sont finies. L'abbé Lanusse apparaît sur le seuil de sa porte, avec cette fraîcheur de traits et cette gaieté de physionomie que les cheveux blancs encadrent si délicieusement, à l'âge de la belle vieillesse.

Les pieds sur les chenêts, dans ce silence de la chambre modeste où il n'y a de place que pour les tas de manuscrits et où vous vous croiriez au fond d'un vieux presbytère de campagne, si le tambour de l'École n'en éveillait quelquefois les échos, le prêtre-soldat, de l'un à l'autre souvenir, laisse parler son intarissable mémoire. Ici, il était à telle affaire ; là, à telle autre ; jusqu'à cette dernière de la Commune où, sous les arcades de Rivoli et à la lueur des Tuileries en flammes, il écrivait sur un bout de papier la prière d'être emporté, s'il mourait, au cher pays natal de Gascogne. Mais, là non plus, la mort ne voulut pas de lui. Elle n'avait jamais voulu de lui, cette mort, qui épargne heureusement parfois les vaillants d'entre nous, pour que leur vie entière d'action et d'écriture serve d'exemple aux autres.

— Mais cette fois, termina-t-il, qui pourrait être la dernière, je veux vous embrasser !... Adieu, mon fils !

En emportant le baiser de ce prêtre, je repasse mélancoliquement sous les flambeaux des frises de l'École. Je pense à ces cœurs vieux et jeunes, dont nul hiver ne fait baisser ici la flamme, sym-

bolisée depuis deux siècles par ces sculp-
tures immuables de pierre ; ces cœurs,
dont la chaleur généreuse fera vivre
immortellement la Patrie.

Mais ce sont ces *Héros de Camaron* et
tant d'autres trésors littéraires, enfouis
là, que j'aurai été seul à connaître et
qui m'émeuvent ; comme ces grands
guerriers du moyen-âge, qu'on enter-
rait vivants !... Voyons, Monsieur de
Freycinet ! qui, académicien depuis la
semaine dernière, n'êtes devenu un pro-
tecteur des Lettres que pour favoriser
leur éclosion, allez-vous intimer, au nom
du Ministère de la Guerre, à ce hardi
soldat et à cet humble prêtre, l'ordre
formel de publier enfin ses œuvres ?

BOYER D'AGEN.

P. S. — Six mois après la brusque
publication de cet article du *Gaulois*,

son auteur est heureux de rendre hommage à l'intelligent patriotisme et à la sollicitude distinguée de ceux qui ont permis à ce livre de paraître enfin et d'être le premier volume de la série que le public, conquis par la plume si patriotique de ce prêtre et de ce soldat, demandera certainement à lire tout entière.

Paris, le 20 juin 1891.

B. D'A.

FIN DES NOTES ET ÉCLAIRCISSEMENTS

ÉMILE COLIN. — Imprimerie de Lagny.